MATRÍCULA DEL CURATO DE ANCASTI 1806

Reproducción Facsimilar

Gerardo L. Flores Ivaldi

Flores Ivaldi, Gerardo Luciano
Matrícula del Curato de Ancasti 1806 : edición facsimilar / Gerardo Luciano Flores Ivaldi. - 1a ed facsímil. - San Miguel de Tucumán : Gerardo Luciano Flores Ivaldi, 2023.
120 p. ; 28 x 22 cm.

ISBN 978-631-00-1795-2

1. Censos de Población. 2. Historia Argentina. 3. Historia de la Provincia de Catamarca. I. Título.
CDD 306.0982

Todos los derechos reservados.
Tucuman - 2023

En primer lugar, quiero expresar mi agradecimiento a Monseñor Luis Urbanc, Obispo de Catamarca, y hago extensivo este agradecimiento a todo el personal del Obispado, quienes generosamente me brindaron acceso al valioso Archivo Eclesiástico para llevar a cabo mis investigaciones.

Matricula del Curato de Ancasti – 1806

Reproducción Facsimilar

En este trabajo, pongo a disposición de historiadores y genealogistas una reproducción facsímil de una matrícula o padrón registrado en el curato de Ancasti en 1806. El documento de referencia fue encontrado entre los expedientes de informaciones matrimoniales del curato de Ancasti, sin lugar a dudas, tras haber estado traspapelado durante mucho tiempo. Carecía de identificación y se hallaba como un cuadernillo suelto entre montañas de expedientes matrimoniales, donde seguramente pasó siempre desapercibido. Está conformado por 55 folios, bien cosidos, sin cubierta alguna, lo que provocó que la primera página resultara ilegible debido a su exposición constante a los elementos. A excepción de ese detalle, el documento se halla en un estado de conservación muy bueno, presentando únicamente algunas manchas de tinta, características de la escritura a pluma. En muchos casos la tinta se fue aclarando por paso del tiempo, sin dejar de ser legible.

Con respecto al contenido de este documento, se trata de un relevamiento de todos los habitantes del curato de Ancasti.

Gerardo L. Flores Ivaldi

Matrícula o Padrón del Curato de Ancaste
Jurisdicción de Catamarca, año de 1806.

		Edad
Casa 1ª	El Cura y Lic.do M.ro D.n Fran.co Solano Carvajal	32
	Guillermo Bella Real o	22
	Reducindo Leal	12
Sobrino	Leon Carbajal	17
Esclavo	Juan.co Carbajal	19
Esc.a	An.a Carbajal	19
Casa 2ª	D.n Santiago Bustam.te o	60 cc
Su Esp.a	D.a Petrona Lobo	38 cc
sus hij.s	Ang.l Bustamante	12
	Maria de Jesus	09
Esclava	Martina Bustamante	12 cc
sirv.tes	An.a Ledesma	75 cc
	Juan.a Barrosa	20 cc
	Marcelina Cuello	13
	Santos Peres	18
Criador	Juan Peres	12
	Santos Ferreira	13
Casa 3ª	Juan An.o Yglesias	47 cc
Su Esp.a	Maria Olmos o	40 cc
entenad.	Petrona Garcia o	20 cc
	Fran.co Garcia	19
	Juan Jose Garcia o	16 cc
	Juan.o Ynacio Yglesias	07
huerf.a	Maria Anselma	02
Casa 4ª	Ana Maria Puchera o	29
sus hij.s	Casimira	10
	Lorenso	07
	Estafania	03
Casa 5ª	tomas Arias difunto	17
su Esp.a	Mariana Olmos o	69
hijo	Pio Arenas	21

Casa 6ª	Juan Agustin Pachita O	59
Su esp.ª	Petrona Carrizo de	58
Sus hij.s	Juan de Dios O	18
	Juan Jose O	
	Maria Inacia O	22
	Maria Simona O	17
	Maria Dolores O	12
	Jose Gregorio	06
Casa 7ª	Maria Prudencia Sefas V O	7 7 cc
	M.ª Francisca Cesar: Viuda O	2 0
huerf.ª	Maria Ant.ª O	1 5 cc
Casa 8ª	Luis Moreira	37
Su esp.ª	Geronima Perdifero O	47 cc
Sus hij.s	Luis	27
	Ant.º O	12
	Narcisa	10
	Ana de Jesus	07
	Geronima	05
Casa 9ª	Ant.º dela Cruz panda libre	28
Su esp.ª	Juana Sosa O	30
Sus hij.s	Alipa	11
	Luis Simon	09
	Yndalicia	03
	Cipriano	02
Casa 10ª	Pedro Sabedra O	30
Su esp.ª	Bartolina Calbimonte O	29 cc
Sus hij.s	Maria Segunda	09
	Pedro Jose	05
	Jose Lauro	02
Casa 11	Juan Bentura Rodrig.z O	48
Su esp.ª	Maria delos Angeles Rubin O	29
Sus hijos	Bernardina	07
	Maria Eusebia	03
Sirv.tes	Eliciana	11
	Maria	06
	Phelipe Coro O	
Al mis.º	Juan Cesar O	

Casa 42	Dn. Juan Leon Guilena	36
Su esp.a	Da. Teresa Rubin O	38
Sus hijos	Monica O	10
Criados	Marguesa	05
Esclava	Maria del Carmen O	30
Esclava	Maria O Bersava Ramir es agregado de 20 a. O	12
Casa 43	Dn. Manl. Figueroa O Cacasos Domg.? co	26
Su esp.a	Da. Maria de la Concepcion Guilena O	18 cc
Casa 44	Dn. Nicolas Rubin O	40
Su esp.a	Da. Tomasa Ribero O	30 cc
Sus hijos	Franco	12
Esclava	Bernardina O	02 cc
Sirbientes	Maria O	20
Criados	Margarita O	24
	Marcos Herrera	28
Su esp.a	Bitoria Sosa	2a cc
Sus hijos	Manuel Antonio	05
	Trinidad	02
Casa 45	Margarita Caltimonte O	60 cc
	Manuel Acuña O	36
Su esp.a	Maria Sosa O	32
hijos	Toribio O	18
	Pantaleon	12
	Ana Maria	12
	Sirilia	06
Casa 46	Dionicio Cabrera difto	50 cc
Su esp.a	Maria Alfeda Credia D	40
Sus hijos	Monica D	1a cc
	Manuel delos Reyes	12 cc
	Gregoria	11
	Pedro Manuel	07
hijo afdo.	Pedro Nolasco	05
	Eusebio Rodrig.z	40
		35

Cabrera Josefa

Casa 1ª	Micaela Vega v.ª ⟩ Josefa		1 5
Suya	Teresa Gutierrez o ⟩ Juan García cc		1 7
Sirvientes	Juana Gutierrez		3 0 cc
hijos de criad.	Santiago		0 6
	Juan Bautista		0 1
Casa 2ª	Mersedes Loyano v.ª		5 0
Su sobrina	Consepcion Loyano		2 0
Suya	Trancito		0 1
Casa 3ª	Bentura Loyano o ⟩ Inocencia Barrio n. o		2 5 cc
Su esp.ª	Rosa Ledesma dif.ta ⟩ ...		2 2 cc
Sus hijos	Geronima		0 5
	Maria del Señor		0 1
Casa 4ª	Fernando Tapia		2 5
Su esp.ª	Mersedes Billa Ruel		2 0
sus hijos	Manuela		0 4

Anguinsila

Casa 1ª	Casimiro Bulacia o	3 2 cc
Su esp.ª	Petrona Alvares o	3 6 cc
Sus hijos	Jose Nasario	0 6
	Jose Mariano	0 3
	Maria Vicenta	0 1
Criador		
Casa 2ª	Procopio Barrio Nuebo o	5 8
Su esp.ª	Anielma Rodrig.z o	4 8 cc
Sus hijos	Jose Maria o	2 0 cc
	Ybalda o	1 0 cc
Sirvientes	Maria Mersedes huerfana o	1 2 cc
Criada	Modesto huerfano	0 1
Casa 3ª	Maria dela Cruz Barrio nuebo dif.ta	5 0 cc
	Modesto Guerfano	0 1
	Maria Mersedes huerfana	2 1
Casa 4ª	Ambrosio Maturano	
Su esp.ª	Margarita Barrio Nuebo o	
Sus hijos	Dionicio o	

		14
	Benancio o	03
	Jose Eufracio	06
Sirviente	Geronima huerfana	
Criador		12
Casa 5ª	Luys Barrio Nuebo o	13
su Esp.ª	Fran.ca Lobo o	12
sus y.jos	Petrona Alcantara o	07
Criador	Juan	97
Casa 6ª	Amador Cordoba o	46
su Esp.ª	Luysa Gutierres o	22
sus hijos	Bartolome o	23
	Maria Feliciana o	19
	Narciso o	18
	Jose Luys	15
	Maria Fran.ca	08
	Remijio	06
	Maria Josefa	05
	Pedro tomas	01
	Basilio An.º	23
	Mariano	18
su esp.ª	Feliciana	18
Criador		
Casa 7ª	Jose Fran.co Nieto o	12
su Esp.ª	Maria Juana Bulacia o	58
huerfana	Maria dela Consepcion	16
	Ygnacio	07
Criador	Maria P.ª Jesus	09
Casa 8ª	Manuel Cordoba o	30
su Esp.ª	Maria Mersedes Barela o	32
sus hijos	Maria Manuela Barela	11
	Juan dela Cruz	09
	Maria Rosa	08
	Maria Ysabel	07
	Juan Pio	05
	Domingo	03
	Pedro Nolasco	01

agregado	Fermin Leon	15
Casa 9ª	Maria Juliana Lopez V.	56
Sus yjos	Maria Mauricia Gonsales	20
	Maria abelino	02
	Juan Franco	17
	Migl Gueronimo	12
	Jose dela Cruz	
Casa 10	Jose Gregorio Bulacia O	3a
Su Espª	Juana Ynes tula O	25
Sus yjos	Pedro Selestino	03
	Maria de la asuncion	01
agregados	Juan Bulacia O — Mª Domª Reynoso Vaupes O	19
Criados	Maria Luysa Bulacia	08
Casa 11	Maria Barrio nuebo V.O	56
	Simona huerfana	09
Agregados	Agustin Rosa Gonsales O	23
Su Espª	Franca Barrio Nuebo	1 acc
Casa 12	Ramon Lopez O	3a
Su Espª	Gueronima Aranda O	33 cc
Sus hijos	Franco O	15 cc
	Santiago	10
	Maria del Señor huerfana	02
Casa 13	Micaela Gutierrez V.O	6 occ
hijos	Juan Manl Maturano	19
huerfana	Petrona	11
	Baltasar	11
Agregados	Franco Salas O	03
Su Espª	Maria del Carmen O	15
Suyjo	Juan Fernando	10
Criados		

Casa 1ª	Juan Ygnacio Rubio	32
Su Esp.ª	Fernanda Tapia O	32
sus y/os	Maria Juana O	18
	Gregoria O	12
huerfanos	Jose Ant.º O	19
	Ysabel	19
	Jose Romualdo	13
	Juan Fran.co	06
	Juan Ypolito	12
Criados	Yldefonso	16
Casa 1ª	Teodora Vera Taco	50
sus y/os	Maria	20
	Jose	10
Casa 2ª	Calistro Bulacio	22
Su Esp.ª	Maria Maria	18
Casa 3ª	Carlos Dias	30
Su Esposa	Ana Gomes	24
Agregados	Dominga V.	25
hijos	Andrea	08
	Marcos	03
Casa 4ª	Fran.co Castillo	26
Su Esp.ª	Gregoria Masedo O	26
sus y/os	Maria del Rosario	06
	Jose Agustin	01
Agregado	Martin Castillo	20
Casa 5ª	Solano Soria	56
Su Esp.ª	Teresa Correa O	42
su y/o	Pedro Soria viudo	21
	Lorenzo huerfano	02
Casa 6ª	Felipe Soria O	40
Su Esp.ª	Ysabel Cordero O	36
sus y/os	Jorje	09
	Jose Gregorio	06
	Dorotea	04
	Carmelito	02

Guanaco Pampa

Casa 1ª	Nicolas Ramirez	33
Su Esp.ª	Bartolina Ogas	28
Sus y/os	Maria del Pilar	14
	Juan de la Cruz	12
	Maria del Rosario	10
Jornalero		20
Casa 2ª	Manuel Rubin	22,cc
Su Esp.ª	Maria Candelaria O.	03
Su y/o	Ysidro	17,cc
Agregados	Maria Mersedes Gordillo O.	9
Sus y/os	Xavier	07
	Serena	20,cc
	Bisente Albarez	23,cc
Su Esp.ª	Maria Gordillo O.	03
Sus y/os	Maria del trancito	04
	Juana Ynes	
huerfano	Izuruoso	06

Sauce — Fran.ca / Juan Juaf. Rosas O.

Casa 1ª	Juan tomas olmos	47
	Mig.l esclavo — M.ª Teodora de Ora O.	22
Su Esp.ª	Maria Mersedes	02
Su y/o	Juan Jose	
Agregada	Fran.ca Olmos. Y. Ynaria de Apartura de 22 a O.	31,cc

tala

Casa 1ª	Enrrique Navarro	30
Su Esp.ª	Petrona	31
Su y/o	Ramon	11
Criador		

Alumbre

Casa 1ª	Fran.co Rios Y.	90
Sus y/os	Ambrosio	20
	Man.l	18
conviviente	Silidonio Arroyo	

Corrida

Casa 1ª	Leandro Heredia O	a 3
Su Esp.ª	Ysabel Arias O	2 6
Sus yjos	Manuel de Jesus	0 5
	Jose Calistro	0 4
	Jose felis	0 2
huerfana	Felipe Santiago	0 9
Casa 2ª	Gregoria Rojo V.ª Ynocencio Bazan	a 0 cc
Sus yjos	Pedro Pablo O	2 2
	Marselo	1 7
	Sebastian	1 3
Casa 3ª	Juan Clemente Aldenete †	5 6 cc
Su Esp.ª	Maria dela Crus Vega O	5 4
Sus yjos	Juan Gregorio O — D.ª Josefa Soria T. O	2 8
	Maria delas Nieves O — M.ª Josefa Vega de 22 O	2 4
	Jose Lino O — M.ª Fran.ca Soria 16 O	2 2 cc
	Reginaldo	1 9 cc
	Maria Ant.ª	1 0
	Ysidro — Jacos Romero	1 3
Criados	Agustina — Miguela Ferreyra O	0 6
	Selestino Soria † su hija Lucia de 4 a.	3 0
Su Esp.ª	Maria Tomasa Aldenete O	2 0 cc
Sus yjos	Jose Gaspar	0 2
	Maria Melchora	0 1
Casa 4ª	Bisente Soria V.º	3 2 cc
Sus yjos	Jose Domingo	0 6
Criado	Manuela	0 4

Ballecito

Casa 1ª	Juan Luna O	3 2 cc
Su Esp.ª	Fran.ca Belis O	2 9 cc
agreg.º	Jose Ant.º Belanquez de 16 a. O	
Su yjo	Jose Joaquin de 4 a. O	0 2
Criado		

Ypiscá

Casa 1ª	Manuel Soria	3 6
Su Esp.ª	Maria del Rosario Duran	2 3

Sus y/os	Maria de la Concepción o	1 1
	Manuel	1 2
	Maria Ysabel	0 7
	Pedro Nolasco	0 6
Agregad.o	Margarita Barrio Nuebo	2 0
Criados	Sipriano huerfano	0 9
Casa 2.a	Laurencio Bildosola o	6 ?..
Su Esp.a	Casilda Soria o	2 2..
Sus y/os	Gregorio o	2 4
	Maria su marido Manuel Barrionuebo de 22 a.o	1 8
	Toxentino	0 2
huerfana	Petrona	0 9
	Felipe Tolentino ...Sria CS.d.o	
Criados	Lorenzo	0 2
Casa 3.a	Maria An.a Albornos V.	3 3
Sus y/os	Justo o	1 1
	Felis Rog.e	0 9
	Maria	0 7
	Maria e Maria	0 9
	Juan Bernardo	0 3
Casa 4.a	Agustina Albornos o	3 8
Su Esp.a	Costantina	2 2
Su y/o	Jose	0 8
Criados		
Casa 5.a	Maria Bulacios o	2 9
Su esposa	Juan Bulacio Eulaxia Frula o	2 9
Sus y/os	Costantina	0 3
Criados	F.ca p.e	
Casa 9.a	Juan Sierro o	6 1
huerfana	Maria de los Angeles	2 0
	Juan Jose de	0 8
	Jose Maria	0 5
	Maria del trancito	0 2
Casa 6.a	Maria Madalena Soria o	5 2
Sus y/os	Pedro Pablo Barrio nuebo	2 5
	Jose Mauricio Barrionuebo o	1 8
	Maria toma tonda o	3 1

	Jose Manuel	13
Casa 7ª	Nicolas Rojo O	34 cc
su Espª	Maria Pasquala Barrio Nuebo O	24
Sus yjos	Maria del Señor O	11
	Ana Maria O	09
	Andres	07
Jornalero	Manl Antonio	09
	Pedro Pablo Barrionuebo	0a cc
	Maria de Jesus	0a
Casa 8ª	Jose German Acosta	2a cc
Su Espª	Casimira	23
Jornalero		
Casa 9ª	Santiago Haredia O	23
su Espª	Maria Frotuosa Pedraza O	19 cc
sus yjos	Juan Agustin	09
Jornalero	Maria Ysenia Pedraza O	10 cc
Casa 10	Antonia Soria y	61
en la Casa	Juan Franco Castillo	35
su Espª	Maria Quintero	31
Sus yjos	Bernabe	13
	Antonio	09
	Claudia	06
	Jose Anselmo Errera	27
su espª	Maria Dolores	21
Casa 11	Felipe torres	12 cc
su Esposa	Maria Luciana Reinoso O	21
Sus hijos	Juan Gregorio	19 cc
huerfanos	Guerardo	18
	Juan Antº	16
	Dionicia O	17
Criada	Maria dla Concepcion	0a
Casa 12	Maria Juliana Arroyo V.O	61 cc
Sus hijos	Jose Antº O	31 cc
	Casimiro O	21
	Jose Antº O	15
	Franco Castillo	33
	Eulalia Quintero	35 cc

Casa 13	Maria del transito Soria V.	50
huerfana	Maria de la trinidad	
Agregado	Lorenzo Soria V.	65
		65
Casa 14	Maria Paula Herrera V.	67 cc
Su hijo	Juan Barrera O	26 cc
	Maria Rita Soria V. D.	25
sus hijos	Maria del Rosario	05
	Migl	03
	Marco	02
huerfanos	Maria	16
	Pedro Antº	05
Casa 15	Jose Maria Azebedo	29 cc
Su Esposa	Maria del Rosario Carrera O	22 cc
Jornalero	Dn Pedro Mª Mercedes Urisarri de 60 a. O	
	Su nieta Mª del R Jurenent de 14 a. O	
Casa 16	Maria Josefa Galiendes V.	46
huerfana	Maria Gregoria	05
Casa 17	Jose Robledo	56
Su Espª	Susana Sosa	52
Sus hijos	Bartolina	18 cc
	Juan de la Rosa	16
Criados	Nicolas	12
	Jose Maria	02
Jornalero	Bisente Sosa	20
Su espª	Toribia	18
Casa 18	Jose Sosa V.	60
sus hijas	Maria Geronima O.	27
	Maria Mercedes O	26 cc
huerfanad	Maria Vidora	09
	Maria Selestina	05
agregado	Jose Maria Ferreira V	22 cc
Casa 19	Madalena Aranda V.	50
sus hijos	Maria Geronima	37
	Maria del transito V.O	22 cc

Casa 20	Felipe Barroso †	6 7
Sus hijos	Maria Anarca	2 a
	Maria Casimira O	2 2
	Juan Agustin	3 2
Jornalero	Juan Ramon	1 6
	Maria dela Consepcion	1 a
	Maria Felipa O	1 2
huerfano	Jose Pasqual	0 2
Casa 21	Manuel Rojas dif.to †	6 0
Su esp.a	Maria dela Crus tula	5 9
Sus hijos	Pedro Rojas O	3 2
	Manuel	1 1
	Maria Mersedes	0 8
Casa 22	Gueraldo Aguero	9 8
Su esp.a	Maria Juliana O	3 2
Sus hijos	Juan Mateo O	1 6
Jornalero	Pasqual	1 3
	Maria Gregoria	0 6
Casa 23	Gregorio Robledo O	6 2.e.e
Sus hijos	Jose Millan O	3 2.e.e
	Jose Domingo O	2 6
	Micaela Dias	2 a.e.e
Casa 24	Rosa Perdiguero †o	a 2.e.e
Sus hijos	Juan Franc.a Peralta	2 2
	Jose Reymundo O	1 6.e.e
	Pedro Pasqual	0 9
	Manuel Peralta	2 2
Su esposa	Rosalia Villafañe	2 a
Casa 25	Juan.co Soria	a 0
Su esp.a	Maria Madalena tula O	a 2
Su hija	Maria Santurnina O	2 6
Jornalero	Juan Bautista Soria Currado O	2 0
Casa 26	Santiago Sosa	2 1
Su esposa	Maria Soria	1 8
Sus hijos	Maria Polinaria	0 3
	Maria Salome	0 2

	Fran.co Nicodemos	4
	Juan Bacilio	4 0
Casa 27	Catalina Robledo V.	5 6
Su hijo	Bartolome Credia	2 0
Casa 28	Eusenio Lopes	3 0
Su Esp.a	Maria Credia	2 8
Sus hijos	Maria Rufila	1 2
	Juan de la Crus	1 0
	Maria Mersedes	0 8
	Justo Pastor	0 7
	Maria del Rosario	0 4
	Juan Lorenso	0 4
Casa 29	Fran.co Moreira	2 2
Su Esp.a	Susana	3 2
Sus hijos	Rosa	1 5
Jornalero	Cosme	0 7
Casa 30	Josefa Albornos V.	6 0
Su jo	Anselmo	2 2
Agregado	Ysidoro Caloca dif.to	4 0
Su hija	Maria Candelaria	0 9
Casa 31	Fabian Ferreira	4 0
Su esp.a	Juana Ario	3 0
Sus hijos	Margarita Ferreira O	1 4
	Pedro An.o O	3 3
Jornalero	Juana	1 1

Estancia Vieja

Casa 1.a	Gueraldo Dominguez	4 0
Su Esp.a	Manuela Credia O	3 8, c.c.
Sus hijos	Maria An.a Doming.z O	2 0
Su Esposo	An.o Santillan	3 0
Jornalero		3 2
Casa 2.a	Jose Arroyo	3 0
Su Esp.a	Rosa Credia	2 7
Su hijo	Jose Lino	
Jornalero		

Sauce

Casa 1ª	Patricio Bidela O	3 7
		2 8 cc
Su Esposa	Maria Josefa Serrano	1 2
Sus hijos	Marcos	0 9
	tomas	0 6
	Jose Marias	0 9
	Maria dela Natividad	0 3
	Lorenso	0 8
	Felipe Santiago	3 6
Su hija	Maria Margarita Pedrasa V. O	2 0
	Maria florentina Serrano O	3 0
	Bartolome Bilirlos	3 0
Su C...	Andrea Salar	3 0
Casa 2ª	Juan Simon tula O	2 9
Su Espª	Susana Espinosa O	2 2
Sus hijos	Reducindo Rubin	0 6
Criados	Sirbientes — Santos tulian	3 0
	Agustina	1 2

Amamaro

Casa 1ª	Ubaldo Aguero	3 0
Su Espª	Juliana Serrano	2 5 cc
Sus hijos	Maria Balbina	0 3
	Vito Modesto	0 7
Guerfanº	Jose Juanco	1 2
Criados		

Chorro

Casa 1ª	Nolarso Errera	6 0
Su Espª	Maria Eulenia Ferreira O	2 6 cc
Sus hijos	faustino	2 6 cc
	Maria Juanca	1 9 cc
	Juan de Dios	1 7 cc
	Maria dela Crus O	1 9 cc
Criados	Simon A	1 2
	Justo Pastor	1 1
	Maria Anª	0 8
	Maria Bantolina	

Casa 2ª	Maria Juana Ferreira v.	3 0
Sus hijos	Pedro Lucas	1 5
	Maria Santos	1 0
	Micaela	0 9
	Maria del Señor	0 2
	Maria dla Cruz Ferreyra	1 9
	Fran.co Ant.o .... 7 meses	0 0

Allega

Casa 1ª	Solano Guzman, y su mug.ª Anastacia	
	Catalina Ortega o.	0 6
Sus hijos	Jose Felis	2 2 cc
	Lorensa o.	1 8 cc
	Julian	0 9
	Jose Marias	0 4
	Fran.ca Ant.ª	1 6
	Juan de la Rosa	1 6
	Maria del Señor ... 5 meses	0 0
	Maria del Carmen	0 7
	Pasqual Pacheco o.	2 4
Su esp.ª	Petrona Peralta o.	2 0 cc
	Jose bega o.	2 2
	Catalina Pacheco o.	2 9 cc
	Su hijo Juan Andres	0 4
Casa 2ª	Pasqual Ortega Nuxar o.	2 4
Su esp.ª	Maria del Rosario Pacheco Yurme	2 0 cc
Su hijo	Jose tomas ... 6 meses	0 0
Jornaleros		
Casa 3ª	Fermin Ortega o.	3 0 cc
Su esp.ª	Maria Ynes Oyos o.	4 0 cc
Su hija	Maria	0 7
Agregada	Jose Peralta o. Prudencia	5 6 cc
Criados	Felipe Santiago	0 7
Casa 4ª	Pedro Nolasco Ortega y.	4 7
Sus hijos	Juan Jose	cc
	Ambrosio Moya su mug.ª M.ª Guzman	cc

	Polinario	2"
	Juan de Dios	15.cc
	Maria del trancito	02
Casa 5ª	Regº Gasinto Moya	46
Su Esp.ª	Gueronima Martines O	28
Sus hijos	Lorenzo O	14
	Jose	12
Jornalero	Jose Domingo	09
Casa 6ª	Reymundo Maldonado O	39
Su Esp.ª	Fran.ca Ana Lopez	34
Sus hijos	Maria Martina O	20
Juan moya ayo	Jose Costantino	18
Ming.ᵒˢ cc Eusebia cc	Ylario	13
Patricia cc	Maria Mersedes	08
Jornalero	Lorenzo	09
	Ramon Antº ... a meses	00

Toma

Casa 1ª	Andres Hortega	54.cc
Su Esp.ª	Maria Luysa Moya	40
Sus hijos	Maria Anª O	21.cc
	Maria Mersedes	19
	Justa Rufina	12.cc
	Maria del Carmen	09
	Juan Santurnino	04
Criado?	Maria Mersedes	09
	Ramon Errera	30
Su Esp.ª	Benita Hortega O	18
Casa 2ª	Pedro Pasqual Aguero	26
Su Esp.ª	Maria Josefa Hortega O	22
Sus hijos	Carlos	08

	Juan Gerbacio	0 4
	Damacio	
Jornalero	Juan Ygnocencio .... 4 meses	0 0
Casa 3ª	Franco Carrizo O	2 6
Su Esp.ª	Maria Josefa Hortega O	1 8 c.c
Jornalero		

Amana

Casa 1ª	Ramon tula O	6 o.c.c
sus hijos	Migl Anto O	2 5 cc
	Fructuoso O	1 8
	Franco Dionicio	1 0
	Maria Jacinta	0 7
	Maria Leonarda	0 9
Criador	Juan Esteban	0 3
Casa 2ª	Felipe Santiago tula O	2 6
Su Esp.ª	Visenta Ledesma	2 0
sus hijos	Jose Doroteo	1 4
	Vitoriano	0 9
Criador	Maria Silberia de	0 3
	Maria Mersedes .... 2 meses	0 0
Sirbientes	Maria	2 0
su hijo	Juan Leon	0 7
Agregado	Migl A la Cruz tula	2 0
	Jose Ermegildo Bercara O	2 4
Su Esp.ª	Serafina tula O	3 4
Casa 3ª	Dn Anto Sisto Tula O	3 6 a
Su Esp.ª	Dª Bonifacia Toledo O	3 9 cc
Sus hijos	Maria Juanca O	1 8 cc
	Maria de la Cruz O	1 6
	Cayetano Caronse O	1 4
	Esteban	1 2

	Juan Brigido		10
	Lino		08
Criado	Juan Bautista	2 meses	00
Casa 4ª	Antonio Andrada		60
Su Esp.ª	Maria Antonia Tula O		60 cc
Sus hijos	Maria Madalena Andrada O		48 cc
Ruta	Su marido D.n Rafael Vera de 33 a.		26 cc
	Benancio O		19 cc
Criada	Margarita O		12
	Marco		12
huerfano	Jose Yrene		11
	Maria An.ª		22
Casa 5ª	Juan de Dios Murua O		30 cc
Su Esp.ª	Maria Laurena Bergara		35
Sus hijos	Jose Maria Soria		20
Criado	Ynocencio		18
huerfanos	Maria del Señor		18
	Maria de la Encarnacion		09
agregados	Micaela Mansilla V. +		60
Sus hijos	Barbara Lopez		29
	Ramona		22
	Jose		12
	Jose Maria	2. meses	00
Casa 6ª	Fran.co Tula O		53
	Maria Juana Abiles O		49 cc
Sus hijos	Luisara O		20 cc
	Tiburcio		18 cc
	Jose Marciano O		16 cc
Criados	Fran.co Ant.º O		12
	Juana Rosa		12
	Juan de la Crus		10
Sirv.te	Candelaria O		15 cc
Agregad.	Pasqual Gomez		33
Su Esp.ª	Gerbacia		30

Casa 1ª	Juan Manl. Perdiguero 0		36
Su Epª	Maria Ficia Acosta 0		30 c.c.
Sus hijos	Sireno 0		12
	Maria Dionicia		10
	Maria Serafina		08
Criados	Lino		06
	Anastacia		04
	Maria Rosalia	3. meses	00
huerfano	Bernardino		18
agregª	Maria del Rosario		30
su hija	Maria del Señor		02

Casa 8ª	Martin Mancilla		3a cc
Su Epª	Maria Merceder Acosta 0		33
Sus hijos	Maria		02
Jornalero	Juan tomas	9 meses	00
	Balentina Acosta 0		37
sus hijos	Gregorio		09
	Juana Paula		07

Casa 9ª	Pasqual ~~Perdiguero~~ Perdiguero		40
Su Epª	Josefa Cordoba 0		42 c.c.
Sus hijos	Bernardino		14
	Feliciana Perdiguero 0		11
Criados	Ysabel		32
	Bernardo		11
	Maria		02

Calerita

Casa 1ª	Gregorio Soro 0		60
Su Epª	Maria Cunegilda Acosta		06 cc
Sus hijos	Marselo 0		20 cp
	Apolinario 0		18
	Ynocito		08

	Manl. Antº. y Juan Bautista Mellisos	6 meses	0 0
Casa 2ª	Toribio Soto V.		3 a
Sus hijos	Cornelia		1 a
	Juana Ynes		1 1
	Narciso		0 5
Agreg.	Ana Nazaria Acosta O		42 cc
	Sutilo Geronimo		2 3
	Jose Antº. Acosta de Peña O		19,cc
	Man Barroso O		
Casa 3ª	Jose Fernando Santillan O		a 9 cc
Su Espª	Maria Mercedes Salas O		a 0
Sus hijos	Manuel		1 8 cc
	Ramon O		1 6 cc
	Ygnacio		1 3
	Juan de la Cruz		1 1
Criados	Maria del trancito		0 9
	Cipriano		0 5
	Jose Yreno		0 3
	Maria tomasa	4 meses	0 0
	Mariano Santillan		2 1 cc
Su Espª	Remilia Carrera O		2 0

Rio del Molino

Casa 1ª	Bonifacio Peralta O / Leandro Ramirez		2 8 cc
Su Espª	Ana Maria Peralta O		2 5 cc
Sus hijos	Maria de Jesus		0 8
	Luysa		0 6
Gonzaleos	Mariano	7 meses	0 0
	Maria Peralta V		7 0
Casa 2ª	Ambrosio Pucheta O		2 7
Su Espª	Ygnacia Romero O		3 6 cc
Sus hijos desta	Luciano Galinas O		1 a cc
	Maria del Rosario O		1 2
	Maria el trancito O		0 9

Mᶜ Peralta V.	Maria de los Angeles	07
d 73,, 0	Marcelo	05
	Ponciano	02
	Petrona	03
Casa 3ª	Feliciana Aguilar V. o	46
sus hijos	Valeriana Nieva o	18
	~~Isidora~~	~~16~~
	Marta o	14
	Martin	12
	Norberta	8
Casa 4ª	Jose felis Nieba o	20 cc
Su Esp.ª	Maria del Rosario Lopez o	17 cc
su hij.	fernando	7. meses 00
Jornalero		

Potrero de los Cordovas

		30
Casa 1ª	Julian Carreiro o	27
su Esp.ª	Maria Trinidad Zula o	03
sus hijos	Jose Romualdo	02
Jornaleros	Nicolas	7 meses 00
	Maria Feliciana	08
Huerfana	Maria del Rosario	06
	Andres	06
Casa 2ª	Josefa Cordoba V.	48
sus hijos	Ygnacio Abad o	16 cc
	Roque o	14 cc
	Esteban	12
	Maria dela Candelaria	08
	Andres Abad o	20 cc
su Esp.ª	Maria Jose o	02 cc
Casa 3ª	Fernando Cordoba	40
Su Esp.ª	Dominga Falcon o	30 cc
sus hij.	Simon	10
	Antº	12
	Jose	10
	Juliana	08
Jornalero	Felidonio	04

Casa 4ª	Juan Cuello +		42
Su esp.ª	Angela Falcon V.ª		36 cc
Sus hij.s	Maria Concepcion		16
	Prudencio		14
	Petrona		12
	Pedro		10
Jornaleros	Santiago		07
Casa 5ª	Claudia Falcon d		32
sus hijos	Jose Maria		09
	Fran.co		03
	Thomas		02
Jornaleros	Balentin Aguirre		30
Su esp.ª	Maria del pilar falcon O		25
Jornaleros	Jose falcon		26
Su esp.ª	Petrona Crespin O		24
hij.s	Juan Man.l		02
	Maria del Carmen	9 meses	00
Casa 6ª	Margarita Mora d		60
Jornalero	Matias Cagal		30
Su esp.ª	Gregoria Cordova O		26 cc
sus hijos	Juana Ynes	6 meses	00
huerfana	Teresa de Jesus		02
	Maria del pilar O		50 cc
Casa 7ª	Jose Leon Nieto	Fran.co Cornelio: esclavo de d.n Leon Nieto O	39
Su esp.ª	Juliana Ferreyra O	Alumno: hij.a de Claud.ª Falcon: O hijo Jose M.ª de Joe S.d.	23 cc
Su hija	Petrona		08
Jornaleros	Maria Ferreira presenta		cc

Estancia

Casa 4ª	Fran.ca de Alis V.ª	60 cc
sus hij.s	Fran.ca Romana O	28 cc
	Maria	15
	Maria Susana	10
	Gaspar O	18

Casa 2ª	Pedro Biscarra	30
su Esp.ª	Aurelia Nuñez	28
hij.ª	Justa Pastora	06
Jornalero	Manuel Ant.º	07

San Antonio

Casa 1ª	Maria Casilda Lopez		46
	Maria Jacoba Lopez		36
huerfan.	Pedro Ygnacio	su marido J. Fer. Rodrig. a 38 a.º	04
	Gregorio		06
	Maria del Rosario		02
Agreg.	Lorenzo Lopez	Roque Soto de 33 n.º	22 cc
	Santiago Acosta	su muger Concep.n Acosta 20 a.º	20 cc
Jornalero	Diego Acosta	hijo Pedro Pablo de 1 año	30 c,c
Su Esp.ª	Susana Lopez		40 c,c
Casa 2ª	Margarita Acosta		62 cc
	Gregoria Acosta		60 c,c
	Ana Acosta	Pedro Lucas hijo de 1 a.	40 cc
Casa 3ª	Madalena Lobo V.		84,3c
sus hij.s	Maria Dolores Barrios		12
	Jose Luis		08
Casa 4ª	Maria Rosa Lopez v.		36
Agregada	Ygnacia Cabrera		40
sus hijos	Juan		18
	Maria Filomena		13
	Juana	7 meses	00
Casa 5ª	Fran.ca Abad V.		66 cc
huerfan.	Maria de las Nieves		27 cc
sus hijos	Damacio	Mateo Soria ? su muger M.ª Gabriela Hered.ª	10
	Maria de la Concepcion		04
Criador	Narciso Bustamante		22
Su Esp.ª	Petrona Abad	Santiago Lobo V. de 36 a.	18 cc
Casa 6ª	Manuela Abad		30
sus hij.s	Maria Segunda		10
	Maria del Transito		08
	Maria Josefa		06
	Maria Bartolina		04

Casa 7ª	Mariano Cordoba	a 6
Su Esp.ª	Maria Ysidora Abad	3 0.c.c
huerfana	Maria Rosa	0 2
Casa 8ª	Jose Guillermo Abad O	3 0
Su Esp.ª	Ynocencia Tapia O	3 0
Casa 9ª	Josefa Abad. V.O	a 3.c.c
Criado	Juan Pio Abad	2 2 cc
Su Esp.ª	Baleriana Nieba	2 0
Casa 5ª	Pedro Man.l Delgado O V	a 3
Su p.ª	Juana Rosa O	1 9
huerfana	Maria O	1 9
	Juan	1 2
Agregada	Maria teresa Abad O	3 0
hijos	Ambrosia O	1 3
Criados	Fran.co Soto O C. m.a	2 9 cc
	Micaela Esp. Grobar 26 O	1 1
Casa 11	Pablo Abad O	3 0
Su Esp.ª	Maria Agueda Beron O	2 6
hijos	Maria An.ª	0 5
	Maria Manuela	0 3
	Maria Mercedes	4 meses 0 0
Casa 12	Fran.co Dias O	5 0
herm.ª	Susana Dias	6 0
huerfan.ª	Maria Conepcion	2 a
	Maria Teodora O	1 0
Criado	Maria Dias V O	4 6
Casa 13	Noberta Selarayn O	a 6.c.c
	Narcisa Selarayn O	a 2
Criado	Gueronimo Selarayn O	3 a
huerfanas	Maria Mercedes O	2 2.c.c
	Jose Juan	0 9
	Maria Andrea	0 7
	Maria Juana	
	Martin Reinoso	2 2, 6c

Casa 14	Maria Barbara Gomes V	40
Sus hijos	Maria Rocuosa Gutierrez	40
	Maria Gregoria	08
	Luciana	03
Casa 15	Felipe Sosa O	49 cc
Su esposa	Maria del trancito Pino O	39 cc
Huerfano	Juan de Dios O	12 cc
Jornalero		
Casa 16	Santo Gomes	30 cc
Su Esposa	Maria Juana Gallardo O	23 cc
Huerfana	Jose Anto Gomes O	16 cc
	Maria Juana	06
	Geronima	06
Casa 17	Maria Mercedes Sosa V	60
hijos	Petrona Gomes O	26
	Maria	24
	Jose Maria	22
Agregada	Juana	48
Casa 18	Ramon Calbimonte V O	78
Sus hijos	Jose Maria O	42
	Esteban Rodriguez O	26 cc
Suegra	Maria Manuela Calbimonte O	22 cc
Su hijo	Pedro Pablo	6 meses 00
	Juan Silbestre Calbimonte O	20
Su esposa	Ana Tula O	18
Casa 19	Manl Calbimonte O	24
Su esposa	Leocadia Acuña O	20
hijos	Migl	01
Jornalero		

Casa 2.º	Maria Dominga Toledo		58
Sus hijos	Juan		2a
	Jose Ant.º		10
Gan alexo	Ambrosio Olmos		29 cc
Su Esp.ª	Ysidora Niebas		20 cc
Sus hijos	Maria		06
	Jose Maria	9 meses	00
Casa 2.ª	Severino Carbajal		30
Su Esp.ª	Manuela Olmos		28
Sus hijos	Teresa de Jesus		06
Gan.º	Bisente		02

Tapias

Casa 1.ª	Pedro Medina		52
Su Esp.ª	Juana Lobo		33
Sus hijos	Juan Benito		04
	Ebaristo		01
Criado	Macias Casas		32
Su Esp.ª	Maria Tránsito Medina		21
Sus hijos	Dorotea		02
	Juana Rosa	7 meses	00
Casa 2.ª	Maria Luysa Mantón		20 cc
Sus hijos	Mam.ª Ant.º Gomes		09
	Jose		02
	Ana Rubin		60
Casa 3.ª	Pedro Lobo		27 cc
Sus hijos	Juan Clemente		06
	Maria Ynes		03
	Juan Ant.º	d 3 meses	00
	Santiago Lobo		25
Casa 4.ª	Justo Lobo		20 cc
Su Esp.ª	Estanislada Bustam.to		18 cc
Sirvientes	Carlos Herrera		30 cc

	Candelaria t		18
	Dolores o		13
	Gregoria		09
	Juana Ysabel		04
	Jacinta Medina f o		2 ½ ce
Casa 5ª	Simon Lobo		26 ce
Su Espª	Cecilia		16 ce
Sus hijos	Ana Rosa		04
Criada	Rosalia	7 meses	00
Casa 6ª	Ambrosio Barela		56
Su Espª	Josefa tapia o — hijos Barrio Nuebo Jose o		29
Esclavo	Juan Agustin o		13
Casa 7ª	Juana A Puero V o		60 ce
Su hija	Maria del Rosario o		18 ce
Jornalero	Franco Barrio Nuebo o		28
Su Espª	Dionicia tapia o		26 ce
Sus hijos	Anastacio	3 meses	00
Casa 8ª	Patricio Vera Ausente		30
Su Espª	Maria del Espiritu Sto o		31 ce
Sus hijs	Maria del Carmen o		12
	Franca Ana		30
	Jose Rogo		08
	Maria Ignacia		06
	Maria Ursula		04
Jornaleros	Jose Enrique Salgado V o	de 3 m	56 00
	Juan Bentura V		
Casa 9ª	Dionicio Rubin de o		26 ce
Su Espª	Maria Rosa Barrio Nuebo o		20 ce
Su hijo	Jose Luys	9 meses	00
Jornaleros			04
Casa 10ª	Jose Migl Gusman		60
Su Espª	Justa Belis		34 ce
su cuñada	Maria Luysa		
su hijo	Jose Juan	6 meses	00

	Maria Anta............	08
Casa 41	Fran.ca Lobatona v.o......	60
Su hija	Andrea Herrera...........	38
Agregada	Juana Lopes o...........	23
Su hijo	Juan Agapito............	03
Jornalero	Martin Quintero o........	22
Su Esp.a	Justa Barrio Nuebo o......	18
Casa 42	Feliciana Herrera v.o.....	36
Sus hijos	Tomasinda o............	21
	Juan de Dios o..........	15
	Ynes o.................	12
	Fran.co Ant.o...........	10
	Andres Abelino..........	08
Casa 43	Man.l Rodriguez o.......	32
Su Esposa	Juana Lobo o...........	28
Su hijo	Jose Felis.............	09
Jornalero		
Casa 44	Nicolas Rodrig o........	49
Su Esp.a	Petrona Rubin o........	36
Sus hijos	Jose Man.l o...........	15
	Gorgonio...............	12
	Sesilia................	10
	Pedro Visente..........	08
Criado	Pedro Pasqual..........	09
Casa 45	Pasqual Rodrigues o.....	36
Su Esp.a	Estefania Silba o.......	30
Sus hijos	Dionicio o.............	12
	Maria Merzedes........	08
Criado	Jose Ypolito...........	06
	Fermin................	04
Casa 46	Juan De la Cruz Rodrig. o	22
Su Madre	Madalena Abad v.o......	60

sus hijas	Bartolina O		26
	Gregoria O		11
Criados			
Casa 17	Luys Medina O		23
Su Esp.a	Margarita Vera O		16 cc
	Maria Fran.ca		16 cc
	Felipe		17
Criados	Petrona		02
	Anastacia		
Sirv.te	Maria Fran.ca Ramires		26
Su hijo	Cayetano	6 meses	00
Casa 18	Fernando Aguilar		39
Su Esp.a	Maria del trancito		19
sus hijos	Man.l Antonio		09
	Alberste	2 meses	00
huerfan.a	Maria		06
Criados	Jose		07
	Justa Bustamante O		70
huerfano	Luys Aguilar José O		22
Casa 1.a	**Tunas**		
	Teresa Barela Vd.a		60
Su hijo	Pasqual Romero O		22 cc
Su Esp.a	Maria del Rosario Salinas O		23 cc
Su hijo	Jose Bisente	6 meses	00
Gonzaleros	Juan Man.l Romero O		46
	Su Esposa Maria Felipa Roxio O		18
Su hija	Ana Maria		01
Casa 2.a	Maria Fran.ca Barela V.o		26
sus hijos	Juan Bautista O		20
	Petrona Argapara O		12
	Pedro Man.l		19 cc
	Maria Santos O		16 cc
	Maria Lorensa		

Jornalero	Jose Casimiro Romero	23
Su Esp.ª	Maria Dominga Manrredes	19
Casa 3.ª	Maria Rosa Rodrig.º	36 cc
Sus hijos	Fran.ca An.ª O	20 cc
	Jose Gregorio	17 cc
	Bacilio O	15 cc
	Pedro Pablo O	13 cc
	Juan Bisente O	11
	Petrona O	8.9º
	Selidonia O	10
Casa 1.ª	Fran.ca Tapia O	60
Casa 5.ª	Juan Barrios †	50
Su Esp.ª	Serafina Medina O	56
Su yja	Petrona O	12 cc
Sirv.te Criador	Pedro Ynacio Quinteros O	12
Casa 6.ª	Geronimo Rodrig.º O	30
Su Esp.ª	Feliciana Peres O	29
Sus hijos	Juana Rosa O	10
	Ambrosia	09
	Toribio	09
	Fermin	03
	Jose Luciano	02
	Mig.l Geronimo	01
huerf.º	Mariano	10

Sauce

Casa 1.ª	Bacilio Quebedo O	30 cc
Su Esp.ª	Solana Peres O	23 cc
Sus hijº	Jose Sipriano	09
Jornalero	Lorenzo	02
	Marsena herm.ª de Queb.	2

	Juan Luys . . . . 4 meses	0 0
Casa 2ª	Clemente Perez O	6 0
Su Esp.ª	Auditacia Barrio Nuebo O	7 1
Sus hijos	~~Maria del Carmen~~ muerta	1 8
	Jose Ant.º O	1 1
	Ynocencia	0 9
	Prudencio	0 3
	Jose Gregorio Lopez O	2 9
Su Esp.ª	Maria Pabla Perez O	2 2
Casa 3ª	Ana Maria Perez O	3 3
Sus hijos	Jose Elias	1 1
	Felipinda	0 6
	Juana Fran.ca	0 9
	Juana Juan	2 9
	Jose Silba O	1 9
	Juana Maria Lopez O	5 0
Casa 4ª	Maria Juana Lopez O	
	~~su marido Jose~~ ~~Rodrig.z~~ ausente pedido	1 1
Sus hijos	Juana Juan O	0 6
	Maria de la Cruz	

Tutoral

		2 3 cc
Casa 1ª	Gregoria Olmos V.O	2 0 cc
		cc
Sus hijos	Marselo Albarez O	1 6 cc
	M.ª del Rosario O	
	Jose Ant.º O	1 9 cc
	Maria Andrea O	
	Maria fermina	0 6

Sauce Guacho

		3 3 cc
Casa 1ª	Lucas Acevedo O	3 4 cc
Su Esp.ª	Lisanda Oses O	1 2 cc
Sus hijos	Pedro Pablo O	1 0
	Juan Pablo O	
Criada	Jose Man.l	0 8
	Dionicio	0 6
	Juan Santos	0 9
	Anastacia	0 2

Rio de la Calera

Casa 1ª	Jose Rosa Sanchez o	30
Su Esp.ª	Juana Albarez o	27 cc
Sus hij.ᵗ	Jose Ylario	04
Criados	Eusebia	8 m⁰ 00
	Maria fortunata	9 m⁰ 00
	Fran.co Tomas Miranda agreg.do de 36 a.º o	
Casa 2ª	Leon Arregue	36
Su Esp.ª	Maria Eusebia Yanse o	40
Sus hijos	Manuela Maria Catalina o	10 cc
	Jose Eduardo	07
	Maria Fran.ca Yanse o	10
Casa 3ª	Juan de Dios Barrio Nuebo	26
Su Esp.ª	Maria Jacoba Miranda o	19
Gañanes	Pedro Juan Cuello	36
Su esp.ª	Maria dela Cruz	34
Casa 4ª	Fran.co dela Cruz Yanse o	30 cc
Su Esp.ª	M.ª Eusebia Amaya esp.a currada M. Persona etc de 18 a.º o	28
Sus hijos	Jose Santos	2 meses 00
Casa 5ª	Dionicio Barrio Nuebo o	31 cc
Su esp.ª	Maria del Rosario Herrera o	26 cc
Sus hij.ᵗ	Pablo	04
Gañalero	Santiago	01
Casa 6ª	Pablo Barrio Nuebo o	26 cc
Su esp.ª	Felipa Herrera o	22 cc
Su hija	Mariana	7 meses 00
Casa 7ª	Lorenzo Caltimonte	28 cc
Su esp.ª	Maria Ynes Gutierres	23 cc
Su huerf.ª	Juana Xaviera	04
Gañalero		
Casa 8ª	Luys Molina	30

Su Esp.ª	Dolores Domingª	2 3
Su hijª	Maria Juana	0 2
Jornal.º	Ynocencio Ramirez	3 0
Su Esp.ª	Manuela O.	2 0

Casa 8.ª
Cecilia Gutierrez	y	6 2
	Jose Andres Quebedo	2 8
Su Esp.ª	Maria del tranxito Herrera O.	2 0
Sus hijos	Mauricio	0 9
	Benancio	0 3
huerf.ª	Maria Santos O.	1 2
	Jose toribio	3 0
Jornalero	Jose Julian O.	1 0

Casa 9.ª	Alejo Romero. y. O	2 8
Sus hij.ª	Maria Rosa	0 5
	Marcelina	0 3
Jornaleros	Juan Bautista	0 1

Casa 1.ª	Pedro Diaz O.	5 0
Su Esp.ª	Maria Catalina Pino O.	4 6
Su hijª	Maria Juana Romero	1 5
Criadores	Anº Rodrigz y O	3 4
Sus hij.ª	Jose Eusebio	0 3
	Maria Benancia	0 1

Casa 11	Justo Romero	2 8
Su Esp.ª	Maria Candelaria	3 0
huerfana	Maria Simona	0 2
Jornales	Franco Albarez	2 3

Casa 12	Jose Carriaso Amajaga	2 2
Su Esp.ª	Maria Rosa Barros	2 0
Su hijo	Jose Pasqual 8 m.	0 0
Jornales		

Casa 13	Juan Gregorio Saavedra	2 9
Su Esp.ª	Rosa Barros O	3 1
Jornalero		a o
Casa 14	Florentino Barros O	a o
Su Esp.ª	Maria Candelaria Mamondes O	1 8
Sus hijos	Maria Josefa O	1 9
	Jose Domingo O	1 o
Jornalero	Julian o	o 6
	Felipa	
Huerfan.ª	Selidonia — 3 meses	o o
Casa 15	Fermin Ant.º Cuello ponze	2 o
Su Esp.ª	Maria del trancito Soria	1 9
Su hija	Maria delos Anjeles — 4 meses	o o
	Pedro Juan Cuello	a o cc
Su Esp.ª	Maria dela Cruz +	a o
Casa 16	Jose Franc.º Barros	a 9 cc
Su Esp.ª	Lorensia Rodrig.º O	a o cc
Sus hijos	Jose Ant.º	1 8 cc
	Maria del Espiritu Santo O	1 6 cc
	Rosa Buana Fernando Jose Castro Araya O	o a
Jornalero	Serapio O	
	Maria Juana Barros +	

Capilla del Rosario Vice Parroquia

Casa 1ª	Maria del Rosario Monte de Oca	2 8
Sus hijos	Maria del Rosario Gusman	o 8
	Serafina	o 6
	Gaspar	o 5
	Mauricio	o a
	Dorotea — nomere	o o
	Juan Leon Gusman	2 2
Sus Esclavos	Juan Patricio	1 8
	Candelaria	1 1
Sirv.te	Marselo Burg	2 9

Casa 2ª	Juan Bautista Aguirre		25
Su esp.ª	Florentina Gusman		24
Sus hij.ª	Florenciana		05
Criado	Nicolas		02
Casa 3ª	Egidio Billafañe		54
Su esp.ª	Rosa Sanches		52
Criado	Alegandro Aguirre		39
Su esp.ª	Melchora Gusman		27
	Sus hijos Man.l Ant.º		08
	Maria Rosa		05
	Maria Ygnacia		02
Su esclavo	Apolinario		30
Casa 4ª	Manuela Aguirre Pedro Ju.n Nieto		30
Sus hijos	Fran.ca de nuv. M.ª Joseta Suarez 0		10
	Juan hijos: Joseta de 10		06
	Marcos Felipe de 2 añ		04
	Melchora		04
	Juan Alberto	1 meses	00
Casa 5ª	Mig.l Barrera		40
Su esp.ª	Maria Susana Bildosola		36
Sus hijos	Baleriana		07
Criado	Jose Facundo		20
Agregad.ª	Gregoria Pacheco		07
hijo	Juan		25
	Victoriano Acosta		
Casa 6ª	Melchora Ramir		40
huerfan	Juan dela Rosa		19
	Joseta a Aparicio 0		10
	Diego Aparicio	2 meses	00
Casa 7ª	Fran.ca Gusman y		40
Sus hij.ª	Jose Domingo		20

	Fernando	37
	Juana	14
Agregd.	Monica	29
Sus hijos	Pedro Pablo	12
	Jose Luis	10
	Lucinda	07
	Eusevia	04
	Catalina	29
Su hijo	Mariano	19

Estansuela

Cas 1ª	Jose Andres Campos †	50
Su Esp.ª	Juliana	20
Sus hij.ª	Maria del Rosario	10
agregad.	Lucas Dias	29
Su esp.ª	Catalina	22

Pedraras

1ª	Casa Marcelo Doming	29
Su Esp.ª	Lorensa	26
Sus hijos	Lorenzo	10
	Jose Ygnacio	09
	Nicolas	09
agregado	Domingo Peres	30
Su Esp.ª	Faustina Ramires	29
Sus hijos	Pedro	10
	Alexandro	08
	Petrona	10 6
	Micaela	09
	Maria Vitoria	02
	Maria Fran.ca 10m. 00

Fran.ca Ledesma y.. 5 0

Comedero

Casa 1.a	Tomas Garcia...........................	0 0
Su Esp.a	Maria Rodrig............................	3 1
Sus hij.s	Maria Candelaria......................	1 0
Jornalero	Lorenzo.................................	1 2
	Andres..................................	1 0
	Jose Lizardo...........................	0 8
	Luciano.................................	0 6
	Gueronimo..............................	0 3
	Jacinto.................................	0 1
	Pedro.............................a m	0 0
Agregado	Damiano................................	1 6

Peñon

Casa 1.a	Fran.co Lencinas y....................	6 0
su Nieto	Juan...................................	1 0
Casa 2.a	Fran.co el Montanaare.................	2 2
Su esp.a	Juliana................................	2 9
herm.o	Guerbacio..............................	2 0
Jornalero		

Lindero

Casa 1.a	Jose Maria Salcedo o.................	3 0
Su Esp.a	Bartolina Cuello o...................	2 6
Sus hij.s	Man.l Ant.o...........................	0 8
Jornalero	Fran.ca................................	0 5
	Manuela................................	0 1
Casa 2.a	Asencio Lobo..........................	5 0
Su Esp.a	Ysabel Obejero o......................	3 0

Su hijo	Ramon	Casa 3a ordena	0 0
Casa 3a	Josefa Medina	Muz Coronel 0 na Muz Fernanda Med	6 0
Sus hijs	Maria Antonia Med 0		1 2
	Juan Gregorio		0 9
	Maria Gregoria		0 3
Casa 2a	Pasqual Correa 0		3 0
Su Esp.a	Manuela Poco Lobo 0		2 7
Sus hijs	Juan Gregorio		1 0
	Ygnacia		0 7
su cuñada	Maria Gregoria		1 8
Agregado	Juan Gregorio Correa herm.o		3 2

Vilapa

Casa 1a	Mariano Quiroga		40
Su Esp.a	Maria Juana		30
Sus hijos	Santiago		1 9
Gornalero	Jose		1 0
Casa 2a	Felis Alegre		4 0
Su Esp.a	Maria Salinas		3 0
Gornaleros			

Tacana

Casa 1a	Fran.co Guzman		7 0
Su Esp.a	Rosa Castillo		6 0 cc
Sus hijs	Jose Juag.n		2 0
Esclava	Maria tomasa		2 0 cc
Agreg.a	Maria Dolores		2 0
Sus hijs	Maria Merseder		0 6
	Fran.co		0 9
Criador	Apolinar	5 meses	0 0
	Juan Greg.o Aldense		3 4 cc

			22
Casa 2ª	Jose Ignacio Barrio Nuebo. O		ao
Su Esp.ª	Rosa Guzman O		30
Sus hijs	Apolinar. a		23
	Juan de Dios		11
Criados	Jose Ynacio		08
	Fran.co Ant.º		07
	Pedro Juan		05
	Rosaura		04
	Juan Nicolas		03
huerfan.ª	Maria Luysa		20
	Jose Ramon		05
	Lucas		02
	Alexandro	3 m	00

Corrales

Casa 1ª	Narciso Barrio Nuebo		23 cc
Su Esp.ª	Manuela Guzman		22 cc
	Phelipa esclava		02
Sus hijs	Ambrosio		
	Luys Ant.º	6 m	00
Criados	Rod.º Moya		33
	Fran.co Moya		32
Esclava	Maria Silvia		12
Casa 2ª	Jose Ant.º Moya		58
Su Esp.ª	Gregoria Belis		50 cc
Su hij.ª	Maria Juana		16 cc
Criados	Juan Eugenio		1a
	Fran.co Solano		10
	Anselma		07 cc
Casa 3ª	Domingo Marusano		30
Su Esp.ª	Maria del Pilar		29
Sus hijos	Jose Luciano		10

	Manuela Baxeda		cc
	Juan Nicolas		08
Criados	Maria del Carmen		06
	Jose Maria		04
	Egidio		28
	Maximo		03
	Fernando	2 m	00
Casa 4ª	Santiago Noblega asistente Cº de Greg.º cc		45 cc
	Bicente Palacios O		30 cc
Su Esp.ª	Vitoria Bulacia O		25 cc
Sus hijos	Domingo		14
	Maria Aurelia		23 cc
	Cipriano		10
Criados	Jacinto Roque		05 cc
	Maximiliana		
	Maria Gregoria		02
	Agustina Palacios O		40 cc
	Teresa O		20
Agregado	Gregorio Barrio Nuebo O		30 cc
Su Esp.ª	Petrona Soria O		22 cc
Sus hijos	Simona		10
	Nicolas		08
	Santiago	2 m	00
Casa 5ª	Manuel Aragon †		56
Su Esp.ª	Cayetana Ortega O		32
Sus hijos	Marselino		12
	Guenaxxia		10
Criados	Catalina		09
	Fernando	1 mes	00
Casa 6ª	Santiago Moya		30 cc
Su Esposa	Teodora Olmos		27 cc
Gonzalo			
Casa 7ª	Teodor Alelado		28
Su Esp.ª	Maria		28
Su hijo	Mariano	3 meses	00

Casa Armada

Casa 1ª	Ermenegilda Pacheco O	46
Su Esp.ª	Maria Candida Romero O	3 a
Sus hijos	Juan Santos	20 cc
	Jose Ant.º	38 cc
Criados	Margarita	15
	Fran.co Ant.º O	4 a
	Pedro Pablo O	16 cc
	Jose Luis	09
Criados	Jose Man.l Barela O	29
Su esp.ª	Maria Juana Romero	32 cc
Sus hij.s	Maria Sipriana	07
	Jose Ynosencio	05
Casa 2ª	Maria Ysabel Romero O	46 cc
Sus hij.s	Maria Candelaria	38 cc
	Maria Vitoria	3 a
	Juana Ysabel	29 cc
	Jose Manuel	23
Su esp.ª	Maria Juana	20
Sus hijos	Manuela	60
huerf.ª	Catalina	05
Casa 3ª	Bacilio Barela O	60
Sus hij.s	Pedro	23
	Manuel	21
Criados	Mariano O	18
	Maria O	14 cc

San Jose

Casa 1ª	Josefa Villagran †	40
Sus hij.s	Fran.co Aranda †	26
	Juan Gregorio †	16

	Pedro Jose †	7 a
	Manuel Antº	1 3
Casa 2ª	Pedro Juan Romero	2 5 cc
Su Espª	Maria Ynacia	2 2
Sus hijs	Angl Mariano	0 5
Gornalero	Maria Josefa	0 3
	Pasquala	0 1
Casa 3ª	Jose Agustin Aredes	3 0 cc
Su Espª	Maria del Carmen Aranda O	2 a
Sus hijs	Jose Ynacio	0 5
Gornalero	Maria Pasquala	0 2
Casa 4ª	Agustina Aredes O	5 6 cc
Sus hijs	Maria Alejandra O	3 a cc
	Jose Jorje	3 2
	Pedro Juan	2 9
	Jose Felis	2 7
	Maria Victoria	1 5 cc
	Maria Madalena	0 3
Casa 5ª	Jose Pino O	7 a
Su Espª	Jeronia Cuello O	6 a
Huerfano	Juan Manuel	1 2
Cuñadoˢ	Domingo Calvimonte O	3 0
Su Espª	Maria Mageld Pino O (natl)	2 7 cc
Sus hijs	Jose Simon	0 8
	Franco	0 6
	Jose Dionicio	0 2
	Nicolas Calvimtº O	2 3 cc
	Maria Dorotea	0 0
Casa 6ª	Jose Antº Barrio nuebo	3 0 cc
Su Espª	Maria Ytabel Sosa O	3 6 cc
Sus hijs	Maria Josefa	1 8
	Juan Eugenio	1 2
	Maria Dolores	1 0

Casa 7ª	Gregorio Barrio Nuevo		34 cc
Su esp.ª	Juana Josefa Gomes		22 cc
Su hijo	Jose Ygnacio	6 m	0 0
Agreg.ᵈ	Juan Perez y		36
	Margarita Rivera		20 cc
Sus hij.ˢ	Juan		2 0
Criador	Juan Estevan		12
	Dolores		02
Jornalero	Fran.co Ant.º Paes		20
Su esp.ª	Simona Barela M.ª Manuela hijo.o hijo de esta Ju.n Bap.ta α ʃ a.º		23
Casa 9ª	Justo Billagran		30 cc
Su esp.ª	Agustina Miranda O		00 cc
Sus hij.ˢ	Pasquala		22 cc
	Juana Rosa		08
huerfana			
Criador	Maximiano Rodrig.z Perrona Villagran No he Maxado Jor.e Lop Arredito.o Andegundi Rodriguez O		25 cc cc
Su hijo	Jose Felipe Sanches		09
Casa 9ª	Feliciano Cardoso O		30 cc
Su esp.ª	Rosa Quintero		23
huerfan.o	Pasqual		08
Jornaleros			33 cc
Casa 10ª	Juan.a Perez y		12 cc
Sus hijos	Juan O		10
	Juan Estevan		02
	Maria Dolores		02
	Margarita	1 mes	0 0

San Vicente

Casa 7ª	Beatris Tapia O		00
Sus hijos	Alexandro		18
	Jose Florencio		10
	Agustina		05
	Maria Vicencia		07
	Cipriano		02

Casa 2ª	Maria Tapia o	28
		16 cc
Sus hijos	Maria Prudencia o	08
	Juan Lorenzo	04
	Petrona	3 m̃ 00
	Maria Rosa	
Casa 3ª	Bartolome Sisternas	40
Su Esp.ª	Lorensia Barela o	32
Sus hijos	Maria Leonarda o	12
	Jose Apolinar o	76 cc
Gornalero	Maria Tomacinda	14
	Jose Anto	08
	Ana Juanca	06
	Maria Fortuosa	04
	Jose Felis	03
	Maria Elena	01
	Rosalia	7 m̃ 00
Casa 4ª	Geronimo Sisternas o	29 cc
Su Esp.ª	Simona Villagra o	24 cc
huerf.º	Gregorio	09
	Maria del Rosario	4 m̃ 00
Casa 5ª	Matias Acosta	30
Su Esp.ª	Anaª Sanches o	27
Sus hijos	Balentin	12
Gornalero	Jose Santurnino	10
Casa 6ª	Casimiro Barrio Nuebo	39
Su Esp.ª	Catalina Romero	28
Sus hijos	Juan Antº	11
	Maria Ibalda	09
	Masimiliana	07
	Maria Petrona	05

	Beatriz Tapia	
Criados	Maria Juana	03
	Maria Sypriana	02
	Consepcion	a m 0 0
Casa 7ª	Bartolina Suares v.	60
Sus hij.s	Tomacina	20
	Maria del transito	12
Casa 8ª	Visente Aredes	30
Su esp.ª	Antonia Romero	27
Sus hij.s	Maria Salome	07
Gosnalero	Maria Simona	03
herm.ª	Maria Dominga Aredes	20
	Pedro Jose	22
Casa 9ª	Thenrrique Mendosa	30
Su esp.ª	Ynes Ogas o.	28 cc
Sus hij.s	Maria del transito o.	10 cc
Criados	Juliana	18
herm.ⁿ	Maria Leonarda	22
	Manuel	27
	Rosa	20
Casa 10ª	Domingo Segura	30
Su esp.ª	Juana Salasar o.	26
Sus hij.s	Gabriel	07
Criados	Serafina	03
	Pedro Pasqual	a 1
Casa 11	Lorensa Sanches v.	60
Sus hij.s	Jose Lorenso Lobo	26
	Jose Maria	18
	Santiago	16
Esclav.	Sebastiana	25
Su hija	Maria Mersedes	30

Casa 43	Luis Lobo	3 »
su esp.ª	Simona Gusman	2 6
sus hij.ˢ	Juan Fernando	1 0
	Anastacia	0 8
Criados	Bernarda	0 6
	Luis	0 9
	Juan Jose	0 1
	Simon	2 m 0 0

Casa 44	Juan Gil Campos	3 0
su esp.ª	Buenaria Aredes	2 9
sus hij.ˢ	Manuel	0 9
	Juan tomas	0 7
Criados	Casimiro	0 5
	Vitorino	0 2

Casa 45	Casimiro Romero	2 6
su esp.ª	Maria Dominga Aredes	2 3
Casa 46	Fran.co Miranda — Marias Acosta Pad. hij.0	3 0 cc
su esp.ª	Fran.ca Barros O — Ant.ª Mancilla Ex muy.ⁿ 0	2 4, 0 cc
agreg.	Eugenio Barrios	2 0
su esp.ª	Maria Romero	3 0
sus hij.ˢ	Fran.co	1 0

Casa 47	Juana Barros V.	3 6
agregada	Maria Merseder	2 3
hija	Maria Teresa	0 9

Paso Grande

Casa 1.ª	Fabian Paes 40	9 0
su esp.ª	Madalena Barrio Nuebo	9 0

Sus hijs.	Bonifacio	5,0
agregad.	Jose Manuel	2,0
Criador	Maria Maria	2,2
	Maria Fran.ca	1,1
Casa 2a	Bartolina Mantilla V.	6,0
Nietos	Balentin	2,3
	Maria de la Cruz	2,0
Sus hijs.	Maria del tranzito	0,5
	Jose Lino	0,3
	Maria Fran.ca	0,2

El Rio

Casa 1a	Maria Dominga Barrionuebo	3,6
Sus hijs.	Juan Bautista	0,6
	Ramon Ant.o	0,4
huerfan.	Juan de la Rosa	4,3
	Anselmo	0,1
	Maria 3m.	0,0
Casa 2a	Diego Felipe Aparicio	3,6
Su esp.a	Maria Feliciana Acuña	2,6
Sus hijs.	Mig.l Antonio	1,1
	Maria del Carmen	0,9
	Pedro	0,3
	Maria Manuela	2,0
	Maria Ysidora	0,1
	Jose Manuel	0,2
	Apolinario 9m.	0,0
Casa 3a	Maria Ysabel Barrio nuebo	6,7 cc
Sus hijs.	Maria Josefa Aparicio	2,0
	Maria Agustina	1,8
	Maria de la tunidad	0,2
huerfan.	Ang.l Mariano	0,1

Rodeo chiquito

Casa 1ª	Antº Guañabenis	a 0
Su Espª	Petrona Mayorgas	2 8
Sus hijos	Ramon	0 7
	Frañco	0 3
Criados	Juan	0 ?
	Ermenegildo	
Casa 2ª	Jose Costilla	3 0
Su Espª	Catalina	2 8
Sus hijs.	Maria Petrona	1 0
	Pedro Jose	0 7
Criados	Manuel	0 4
	Juan Adrian	0 2
Casa 3ª	Pedro Dias	5 6
Su Espª	Justa Mayorgas	3 0
Su hijo	Felipe Santiago	g.m. 0 0
Jornalero		

Candelaria

Casa 1ª	Maria Ygnacia Romero	a 2
Sus hijs.	Jose Santos	2 0
Su Espª	Maria de la Asuncion	1 8 cc
	Maria Silidonia	1 7 cc
huerfano	Jose Rogº	0 4
	Felipe Salinas	1 6 cc
	Gregorio	3 m 0 0
Casa 2ª	Estéban Romero	a 5
Su Espª	Andrea Valdesola	a 3
Sus hijs.	Leona	2 2
	Margarita	1 4
	Maria de la trinidad	1 2
	Estanislado	0 8

	Ysidro Dias	2 3
	Maria del transito Dias	3 6
	Ramon Dias	1 3
huerfa	Maria Ybalda	0 2
	Jose Mariano Romero ♂	2 6
Su Esp.a	Maria Candelaria Dias	2 5
Casa 3a	Andres Barrera	9 6 cc
Su Esp.a	Josefa Dias ♂	2 7
Sus hijs	Apolinar Rodriguez Dias ♂	2 5
	Mariano	1 3
		0 3
Gornalero	Maria del Señor	
Casa 4a	Mariano Gutierres ♂	5 0 cc
Su Esp.a	Maria dela Cruz Rodrig. ♂	2 2
Su hijo	Pedro Manuel ... 7 m	0 0
huerfo	Saturnino ... 2 m	0 0
Gornalero	Eusebia Lawrencia	
Casa 5a	Juan Guernonime Dias	2 6
Su Esp.a	Maria delas Niebes Rubin ♂	2 3
Sus hijs	Maria Lisarda	0 2
Criador	Mauricio Lino ... 7 meses	0 0
Casa 6a	Nicolas Beron	3 6
Su Esp.a	Sebastiana Rubin ♂	2 5 cc
Sus hijs	Jose Paulino	0 3
	Juana Bentura ... 3 m	0 0
Casa 7a	Cecilia Dias V.♂	6 0
Sus hijs	Maria Rosa Beron ♂	2 8
	Maria dela Asuncion ♂	2 2
	Maria del Carmen	2 0
	Maria Mercedes	2 2 cc
	Pedro Luis	0 8

huerfan.	Agustina	12
	Juan dela Rosa	07
	Juan dela Rosa	18
	Maria Juana Billagra	
Casa 8ª	Margarita Cordoba ⊕	42 cc
Su hijo	Fran.co Fabriano	17
huerfª	Maria Prudencia	15
Agª	Maria Serafina Cordoba	29 cc
	Santos Ruberola	50
Casa 9ª	Jose Anieta	28
Gonzalez Su Espª	Maria Rosa Romero	29
Su hijo	Fran.co	07
Casa 10ª	Maria Maredo V⊕	46 cc
Su hijo	Narciso †	29
Casa 11	Rosa Romero	05
Sus hijs	Fran.co Solano ⊕	29
	Maria Candida ⊕	16
	Margarita	07
Casa 12	Juana Baldes V⊕	46 cc
Sus hijs	Jose Gabriel Acosta	18 cc
	Maria dela Cruz	07
Casa 13	Juan Jose Rodrigz	36
Su Espª	Josefa Bircarra	34 cc
Sus hijs	Pedro ⊕	16 cc
	Pasquala	14 cc
	Agustina	10
	Victoria	07
	Crisostomo	05
Gonzalez	Gregoria	03
Casa 14ª	Josefa Romero	40 cc
Sus hijs	Manuel	19

Casa 15	Manuel tonantes o	33
Su Esp.ª	Maria Ygnacia Barela o	28
Sus hijs.	Lorensa o	10
	Maria del Rosario	08
Criad.ª	Maria Juana	09
	Juan Ang.l	03
	Mariana	01
Casa 16	Jose Fran.co Beron	30
Su Esp.ª	Fran.ca Casal	26
Sus hijs.	Pedro Luis	07
	Alejandro	05
Criados	Selidonia	3 m... 00

Capilla de An. Castillo Vise Parroquia

Casa 1.ª	Ygnacio Barela o	40
Su Esp.ª	Manuela Dias o	27
Sus hijs.	Fran.ca o	05
Criados	Marselo Ant.º	03
	Jose Dionicio	02
agreg.	Marton	18
	Santos o	12
	Justo Pastor o	13
	Ylario	10
	Jose Ant.º o	10
Casa 2.ª	Dionicio Gutierres o	39
Su Esp.ª	Pasquala Barros o	30
Sus hijs.	Manuel Ant.º o	12
	Josefa o	09
	Fran.co Solano	6 m... 00
agreg.	Mauricia o	16
	Juana	18
	Manuel Mar.n o	31

Esclava	Maria Sergia — de Tamara	10
	Ramona o.	09
	Santos o. Man¹ ____ Pedro o	29
Ngro Otro	Mariano Bentura o	56
Casa 3ª	Pedro Jose Beron V o	17
Sus hij¹	Josefa	10
Criados	Maria del trancito	29
Agreg⁰	Ysabel Peres V o	12
	Juan Gregorio	10
	Pasqual o	10
	Florentina	
	Juan de la ___ Guzman o	09
	___	
Casa 4ª	Juan⁰ Barela	30
Su Esp⁰	Maria Herrera	15
Sus hij¹	Maria Francisca	12
	Pedro	10
	Jose	06
	Manselina	01
	Petrona	
Casa 5ª	Beatris Beron V o	60
Sus hij¹	Manselino	15
	Manuel	10
Casa 6ª	Maria Vega V o	50
Sus hij¹	Santos †	30
	Bernarda o	28
	Bacilia †	26
Hijos deesta	Pedro Man¹	10
	Fermin Ant⁰	10
	Pasqual	08
Casa 7ª	Tomacinda Figeredos V o	10
Sus hij¹	Manuela o	16
	Gabriel o	13

Casa 1ª	Marco Salazar	23
Su Esp.ª	Maria del Trancito Tapia	25
Sus hij.ʲ	Maria Justa	09
	Maria de la Trenidad	07
	Luis An.ᵉ	3 m — 00
Casa 2ª	Juan Gavino Therrera º	50
Su Esp.ª	Maria Manuela Contreras º	46
Agreg.ᵈ	Juana Rosa º	11
	Maria	08
Criador	Mariano	07
Casa 10ª	Ynosencio Barrio nuebo º	30
Su Esp.ª	Maria Dolores T.	28
Agregada	M.ª Manuela Tayonza º	20
Casa 11	Sebastiana Aguero º	60
agregados	Ramon	40
Sus hij.ʲ	Antonia	25
	Ysabel	23
	Josefa	20
	Ambrosio	12
	Placida	06
	Curragua	05
	Simona	10
	Manuel Ygnacio	5 meses — 00
Casa 12	Pedro Ygnacio Selaraint	40
Su Esp.ª	Maria Merced Aguero V.º	20
	Jose Ygnacio Aguero º	50
Casa 13	Sebastian Reynoso	28
Su Esp.ª Gonzalez	Ysidora Pinto	28
Casa 14ª	Tomacinda Ponce V.º	35
Sus hij.ʲ	Gregoria º	18
	Juana Ysabel	08
	Tomacia An.ª	06
	Maria Teresa	8 meses

Casa 15	Juan Manuel Herrera		22
Su Esp.ª	Maria del Carmen		20
Su hija	Maria Pasquala		07
	Ynosencia	2 meses	00

Juntas

Casa 1ª	Juan Jose Brito		33
Su Esp.ª	Maria Carriso O.		28
Sus hijs.	Ramona		10
	Juan Ang.l		11
	Maria Ysabel		01
Casa 2ª	Alberto Barbosa	Casas M.ª Juana Indon Y.O	56
Su Esp.ª	Maria Contreras	hija m.ª Fran.ca Indon O	30
Su hijo	Fran.co Gabriel	M. Arimp. Indio	12
Agreg.ª	Bartolina		23
Su h.ª	Maria		03
Criado	Fran.co Ant.º		23

Cañada

Casa 1ª	Rog.º Castro		30
Su Esp.ª	Maria		26
Su hijo	Ynosencio		12
Casa 2ª	Martin Mamondes		34
Su Esp.ª	Juana Gomes		26
Sus hijs.	Julian		12
Jornalero	Pablo		10
	Juan Gerbacio	3 m.s	00
Casa 3ª	Maria Contreras	V.C	50
Sus hijs.	Maria Manuela O.		20
	Jose Mariano O.		10
	Maria Ynacia		07

Casa 4ª	Ambrosio Saldibar	40
Su esp.ª	Maria del trancito	30
Sus hijs.	Ermenegildo	4a
	Cesarea	40
Criados	Narciso Ant.º	07
	Felipe Santiago 2 m.s	00
Casa 5ª	Ana Maria Mamondes	30
Sus hijs.	J.n Ant.º	4a
	Maria Caselda	12
	Maria Leocadia	40
Casa 6ª	Manuel Mamondes	29
Su esp.ª	Ana Maria Aguero	26
Su hija	Juana Bautista	09
Casa 7ª	Maria chaves	56
Sus hijos	Gregoria	20
	Juan Felis	18
Jornalero	Juan de Dios chabes	28
Su esp.ª	Ana Maria	29
Casa 8ª	Maria Josefa Bildosola	67
Sus hijs.	Thumano	42
	Juan Felis	29
	Ygnacia Chaves	28
	Maria Manuela	22
	Maria Gueronima	19
	Juan dela Rosa Chav.	16
Casa 9ª	Juan Gomes	30
Su esp.ª	Teodora Aguero	28
Sus hijs.	Ramon Ant.º	09
	Maria del Rosario	07
	Marselina	07

Mojon

Casa 1ª	Jose Soria †	30
Su Esp.ª	Leonarda Beron O	29
Sus hij.s	Manuel An.º	17
	Juana	10
Criador	Jose Manuel	07
	Susana	06
	Juan Sabino	07
	Benancio	06
	Juana Tenero	05
	Leonarda	3 m.s 00
Casa 2ª	Susana Brito	50
Sus hij.s	Maria An.ª	23
	Manuel	23
	Maria Beroia	19
	Fran.co An.º	20
	Maria Nicolasa	17
	Juan Fran.co	08
	Maria Mercedes	09
	Maria del Rosario	5 meses 00
Casa 3ª	Juan Toledo	30
Su Esp.ª	Justa Pereira †	29
Sus hij.s	Juan Bautista O	16
	Ramon An.º	11
Gonzalez	Manuel Geronimo	11
	Juan Gregorio	07
	Pantaleon	05
agreg.ª	Jose Fran.co	24
	Pantaleon	17

Sevil macho

Casa 1ª	Ramon An.º Barela	39
Su Esp.ª	Susana Tapia O	35
Sus hij.s	Maria del Carmen O	13

	Maria Rosa	09
	Diego Claudio	07
Criador	Maria Estanislado	05
	Aniceta	6 meses 00
Sirvte	Manuel Belis	18
Casa 2ª	Juan Peres	26
Su esª	Maria del Carmen Chabes	44
Sus hijs	Maria Dolores	23
	Maria de la Crus	14
	Jose Anto	12
	Jose Calasan	09
	Maria Geronima	06
Criador	Maria Balentina	03
	Manuel de Jesus	04

Malpaso

Casa 1ª	Maria Mersedes Caseres	28
Sus hijs	Jose Manuel	06
	Jose Alejandro	03
Hermo	Jose Alexandro Caseres	30
	Juan Bentura	26
	Maria del Carmen	18
Casa 2ª	Juan Anto Caseres	26
Hermana	Maria del Rosario	24
Criador	Maria Pacheco Y	10
Casa 3ª	Maria de Jesus Pacheco Y	60
Sus hijs	Juan Migl Billagran	25
	Bernardino	20
	Candelaria	18
	Narciso	15
	Maria Manuela	11
Casa 4ª	Fco Ramos	26
Su espª	Maria Billagran	25

Sus hijos	Maria Gregoria	7
	Maria delos Angeles	0 9
	Juana Maria	0 3
	Maria de Jesus	0 1
	Candida ... 2 meses	0 0
Casa 9ª	Diego Chaves	3 0
Su esp.ª	Alberta Suriza	2 a
Sus hij.ˢ	Maria Antª	1 0
	Maria Santos	0 8
	Jose	0 3
	Pedro Jose ... 2 meses	0 0

Concepción

Casa 1ª	Juª Chaves V.	50
Sus hij.ˢ	Agueda	2 a
	Josefa O.	2 3
	Juana Ysabel	1 0
Casa 2ª	Juan Ygnacio Molina O.	6 0
Su Cpª	Simona Roldan O.	a 0
huerfª	Juan Martin O.	2 0
Criados	Maria dela Asuncion O.	1 0
Casa 3ª	Catalia Vildosola V.O.	a 0
Sus hij.ˢ	Pedro Juan P.O.	1 5
	Juan Bautista	1 a
Casa 2ª	Jose Bildosola	3 0
Ytem	Petrona O.	2 a
	Juan Luys Vildosola O.	2 2
	Maria Ysabel O.	2 0
	Ynosencia O.	1 8
	Maria dela Crus	0 6
	Maria Ygnacia	0 a
	Juan Jose	0 2

			3
Casa 5ª	Jacinto Aparicio O		28
Su Esp.ª	Maria Madalena Gutierrez O		22
Sus hijs.	Fermin Ant.º		07
	Juan Francisco		05
Criados	Juana Petrona		03
	Eduardo	3 meses	00
Casa 6ª	Juan Bautista Barela		29
Su Esp.ª	Francisca Rios		20
Sus hijs.	Juan Manuel		02
Criados	Maria Ysabel	7 meses	00
Casa 7ª	Juana Rios V. O		27
Su hija	Maria dela Asuncion		03
Casa 8ª	Agustin chaves		60
Su hija	Maria del Rosario O		28
Sus hijs.	Manuel Ant.º O		12
	Maria Briguida		08
	Juan Bautista		06
Criados	Ramon Ygnacio	7 meses	00
Casa 9ª	Felipe Baldosola O		40
Su Esp.ª	Maria el trancito Barela		39
Sus hijs.	Maximiliana		07
	Tiburcio		03
Criados		8 meses	00
	Pedro Amador		
Casa 10ª	Jose Ant.º Crespin O		40
Su Esp.ª	Maria del trancito Gutierrez O		36
	Sus hijos Mig.l Antonio		18
Criados	Serafina O		12
	Juan Buenso O		10
Casa 11	Ana chaves V. O		55
Sus hijs.	Maria Mercedes		29
	Maria Vicenta		07
Su hija	Maria dela Cruz O		
	Jose Santi Chaves		

Casa 4ª	Ygnacio Chaves O	56
Su Espª	Maria [...]	40
Sus hijs	Maria del tranzito	20
Criador	Juan de la Cruz	21
Su Espª	trinidad	18
Su hijo	Juen[...]anio	7 m. 00

Rio de Calan

Pºª Juan Collaos		40
Su Espª	Josefa Castillo	29
	Simon Lobo	26

Bariano

Casa 1ª	Justo Ramirez O	40 cc
Su Espª	Maria Juana Ubeda O	36
Sus hijs	Jose Antº	10
	Balentin	08
Criador	Jose Lino	06
huerfª	Maria Franca	9. meses 00
	Jose Maria Gomez O	20
Su espª	Maria Luisa Ramirez	15
Casa 2ª	Jose de la Cruz Ramirez O	22 cc
Su espª	Maria Madalena O	16 cc
Su hijo	Juan Manuel	1 meses 00
Jornalero		30 cc
Casa 3ª	Pedro Soria O	30 cc
Su Espª	Maria Dolores Pedrasa O	32
Sus hijs	Margarita O	12
Criador	Maria de la Asuncion	06
huerfs	Cayetano	12
	Juan Antº	11
	Mariano Ygnacio	09
agreg	Maria Dominga Pedrasa †	36

			32
Casa 4ª	Bartolome Soria		60
Su esp.ª	Agustina tolosa		58
	Jose Andres Soria		40
Su esp.ª	Agustina Rosa tolosa		58
Sus hijos	Juan Francisco		18
Gornalero	Feliciano		19

Casa 5ª	Maria Rosa Nieba		60
Su hija	Margarita Coronel †		20
huerf.ª	Juan Felipe		03
Gornalero	Reymundo Suxita †		22
Su esp.ª	Teresa Cesar		25
Sus hij.s	Maria Manuela		03
	Maria Pasquala		02

Casa 6ª	Maria Juan.ca Nieba †		42
Sus hij.s	Maria Florentina Suxita O		18
m. muerta	Andres Ycarte		16
	Juana Teodora		
huerf.s	Maria Juana		07
	Felipe		04

Casa 7ª	Candelaria Nieva V.O		40
huerfan.	Pedro Ant.º		20 cc
	Apolonaria		15 cc

Casa 8ª	Juan Atencio Chaves		60
Su esp.ª	Petrona Salinas		58
Sus hij.s	Juan de Dios		20
	Roberto O		16
	Jose Manuel O		14
	Maria del transito		
Criado	Ant.º O		22
	Maria del Carmen		07

Casa 9ª	Nicolas Felis		60
Su esp.ª	Maria Suxita		48
Sus hij.s	Jose Santos O		24
	Juan Crisostomo		21
	M.ª Berna O		

Casa 10ª	Jose Anto. Azeredo	50
Su espª	Maria Francisca Ramos	26
Sus hijos	Juan de la Rosa	2a
	Juan toribio O	20
	Maria Anª O	18
Criados	Bonifacio O	16
	Juan Eugenio	19
	Maria Mercedes O	12
	Maria Tomasa	10
	Jacinto	08
	Maria Eustaquia	09
	Maria Geronima Perez	70
huerfano	Juan Ramos O	25
Casa 11	Santos Zurita	25
Su espª	Maria de la Cruz Pinto	22
Sus hij.s	Maria Josefa	03
	Pedro	01
Casa 12	Migl Geronimo Ramos	30
Su espª	Maria Petrona Pinto O	26
Sus hij.s	Maria Juana	02
Criados	Maria Juaquina	
Casa 13	Maria Dolores Ramos v.O	30
Sus hij.s	Franca Antonia Gomes	12
	Maria Getrudes O	10
	Maria Ynacia	08
	Agustin de la Rosa	03
huerfanº	Manuel Anto	09
Casa 14	Juaquin Pinto O	34
Su espª	Maria Martina Zurita O	26
Sus hij.s	Tomas	04
	Ramon Anto	02
	Manuel	6 meses

Casa 15	Jose Mariano Oliba	26
Su esp.ª	Maria Juana Ramos	23
Criador		
Casa 16	Manuel Soria	50
Su esp.ª	Maria Francisca Ramirez	26
Sus hij.ˢ	Maria Andrea de primeras nupcias	18
	Maria Petrona	16
	Maria del Carmen	19
	Maria Fernanda	05
Criador	Maria Esmerelda	02
	Catalina	01
	Maria Francisca Ramirez V.	60
Casa 17.ª	Maria An.ª Surita	20
Su esp.ª	Maria Teresa Quebedo	19
hijos	Rafael	09
Casa 18	Bartolome Fernandez	57
Su esp.ª	Maria Petrona Cordero	56
Sus hij.ˢ	Juan Reyes	20
	M.ª An.ª Chavez	16
	Ramon An.º	16
	Rosalia	10
	Agueda Julia	13
	Tomas	12
Criador	Jose An.º	18
	An.º	08
	Maria Simona Chavez	
	Maria	05
huerfan.ª	Mariano Soria	50
Casa 19	Francisco An.º Ramos	30
Sus hijos	Maria Dionicia	07
Criador	Maria Rosa	09
Casa 20	Jose Mariano Surita	58
Su esp.ª	Maria Candelaria	42

huerfan.	Pablo	10
	Juliana	07
Casa 27	Maria Madalena Aranda	70
Su hija	Maria del Rosario Gonsales O	26
	Bartolome	03
	Juan de la Cruz Gonsales O	22
Su esp.ª	Pabla Cordoba O	20
Su hija	Maria Marselina — 6 meses	00
agreg.ª	Maria Casilda Cordoba	12
	Felipe Santiago Gonsales	26
Su esp.ª	Maria del Carmen Roldan	30
Sus hijos	Maria Antonia O	22
	Lino Jose Apolinario Nieva O	12 00
	Maria Petrona O	10
	Bernarda	21 00
	Severina M.ª Nicasia Roldan P.º O	07
	Faustina	03
Gonsalezo	Matias Balencia	23 00
Su esp.ª	Maria Petrona Aranda	24
Casa 22	Felipe Santiago Cordero O	34
Su esp.ª	Agustina Ramos O	30
Sus hij.s	Leandro	11
	Juan	07
	Maria Dolores	05
	Juana Petrona	03
	Manuel Antonio	02
Casa 23	Juan Bidela — todos en Villa	33
Su esp.ª	Maria Felipa Garcia	26
Sus hij.s	Maria Ynes	06
	Maria Teresa	09
	Maria Petrona	03
	Rosa Nieva	60 00

	María Antª Videla		60
huerfª	María Bartolina		89
	Juana Silveria Perez		60
Casa 24	María Marchante V.	Casa	60
	Sus hijos Bartolome Cordero	Jose Anastº Guerrero	18
	Guerardo	Domingo M. de Cordº	16
	María del Rosario	Franco Antº Guerrero Bª	12
El Yerno	Pedro Pablo Cordero ◦	Mariano ◦	06
Casa 25	Jose Antonio Gutierrez ◦		30
Su Espª	María Juana Cordero ◦		30
Su hijo	Franco Antonio		07
Casa 26	Juan Cordero V. ◦	Pasquala Cordero V. ◦	60
Gonzalero	Narcisa Cordero V. ◦	Mª Asumpcion hija ◦	30
Sus hijos	Jose Julian Falcon	Mª Tomasina hija ◦	03
	Juana Rosa	Mª Bonifacia hija ◦	01
Casa 27	Juan Domingo Cordero ◦	Jose Domº ◦	
Su Espª	María Josefa Soria ◦		36
Su hijo	Juan Ramon		04
	Alejandro		02

Puesto el Cavallo Guaraná

	Franco Antº Barela		40
Su Espª	María Dias ◦		26
Sus hijos	Salbador		02
	Cayetano	v m	00
Agregdo	Mariano Palaberino		80
Su Espª	María	Pablo Acereo ◦	30
Sus hijos	Fermin Antonio	Ascº Olivera ◦	05
	Lorenzo		01

Puesto de los Pozos Casados

Casaª	Jose Eugenio Soria	30
Su Espª	Bartolina Guriza	24
Sus hijtª	Marco	08
	Juana	07
Criador	Juan Jose	01
Agregª	Domingo Soria	30
	Clara Soria	26

Puesto de Quixon

Casa 1ª	Domingo Lobo	43
Su Espª	Maria de la Asuncion Gusman	22
Su hijo	Juan Jose	02
Sirvte	Mariano Salgan	35
Criador	Candelaria Carriso	34
	Alejo Lobo	30
	Juan Ygnacio Lobo	28
Su Espª	Pasquala Billagran	18
Su hija	Maria Manuela	04
agregd	Jose Luys Billagran	26
Criador	Pedro Carriso	12
Casa 2ª	Pe Dn Santiago Bustamante	50
Sirvte	Bentura Carriso	24
Su Espª	Catalina Merchante	18
huerfan	Jose Tomas Perez	14
	Candelaria Perez	12
Criador	Juan Perez	11
	Simforosa Perez	06
	Fran co p Perez	04
	Santos Paes	01

Anjuli Vice Parroquia   35

Casa 1ª	Jose Maria Barrio Nuebo	40
Su Esp.ª	Gregoria Beron	39
Sus hij.s	Fran.co Antonio O	18
Criados	Ramona	39
	Luysa	12
	Jose Vicente O	10
	Teresa	07
	Beatris	05
	Jose Gabriel	02
Agreg.s	Lorenzo Atay O	23
	Micaela Atay	30
	M.ª Paula Atay O	
Su hija	Carlos Vicen. O	09
	Manuela	05
	Ant.º Bacilio	01
Casa 2ª	Casimiro Orellana	60
Su Esp.ª	Petrona Barrio Nuebo	19
Su hijo	Bacilio Ant.º	03
Criados		
Casa 3ª	Francisca Abila	60
Sus hij.s	Fermin Ant.º	27
	Maria Candelaria	23
	Matias	20
	Marselino	18
	Fran.ca Visiana	03
Casa 4ª	Catalina Paz	47
Sus hij.s	Fran.co	17
	Rosa	15
	Fermin	13
	Laureano	05

Casa 5ª	Josefa Abila soltera	a o
su hij?	Pedro ~~Jesus~~ y Josz Aredon xm°	2½
	Manuel Jesus	19
hijos	Mariano	10
	Bautista	07
	Maria de Jesus	09
Casa 6ª	Franco Maldonado	Casa 9 ... 50
su esp.ª	Margarita Abila	Pedro Berg Miranda: 0 ... 07
sus hij.s	Maria del Carmen	sirve en Merced Ramos ... 18
	Anª	13
	Maria de la Crus	09
	Gregoria	03
Criados	Pasqual	02
	Nicolas	07
	Margarita	02
Casa 7ª	Nicolas Veron	Casa 13ª ... a o
su esp.ª	Margarita Morales	Jose Fran.co Morales 34. 0 ... 30
sus hij.s	Beguino	ti mug. en del Carm. Gutierrez ... 16
	Juan Dionicio	19
Criados	Melchor	12
	Juan	08
agreg.	Andrea	19
	Gertrudes	15
Casa 8ª	Juan Jose Gutierres	a o
su esp.ª	Maria ~~del Carmen Gutierres~~ Isabel Veron	30
sus hij.s	Fran.co Ant.o	15
	Maria de la Concicion	08
	Fructuoso	00
	Petrona	07

Casa 9ª	German Gonzales Morales	27
Su Esp.ª	Maria del Carmen Gutierres	2a
Criador	Manuel Morales	23
Casa 4ª	Pasqual Cardoso	23
	Juana Brito	23
Criador	Gregoria	22

Corralito

Casa 1ª	Jose Surita	40
Su Esp.ª	Juan.ca Suarez	36
Sus hij.s	Prudencia	16
	Ramona	12
Criador	Bartolina	08
Casa 2ª	Felipe Santiago Morales	29
Su Esp.ª	Maria del Carmen Surita	23
Sus hij.s	Josefa	02
Corraleros	Maria Ysabel	04
Casa 3ª	Juan de la Cruz Romano	28
Su Esp.ª	Maria de la Concecion Surita	2a
Su hijo	Juan.co	05
Casa 4ª	Jose Aguirre	83
Sus hij.s	Jose	10
	Leocadia	08
	Saturnino	05
Criador	Petrona	03
	Joselino	01
	Faustino	1m 00
Casa 5ª	Marselo Surita	60
Su Esp.ª	An.ª Baran	50
Sus hij.s	Fernando	22

Casa en los Xexuar

Casa 6ª	Anselmo Surita	Victoria Surita V. O	29
su esp.ª	Maria Juarez	hija av. de la Cruz Cornejo O	29
sus hij.s	Manuel	Fermin Ant.º	05
	Ermenilda		7 m

Casa Surita

Casa 7ª	Maria Surita	y	50
		M.ª Juana Alarcon V. O	28
sus hij.ª	Maria Ynacia	hija M.ª Alexª Nieva O	12
sus hijos	Domingo O	Xexuar	
	Rosa	Jose Mariano Ternero O	05
	Pablo	D.n Ramon Asencio O	03
	Alberto		

Casa 8ª	Jose Leon Surita	su muger M.ª Maria Ternero	30
su esp.ª	Manuela	hijos: Jose Damian	22
su hijo	Jose Andres	Nietas	03

Criador   Toma   Juan Mateo Xerura
su muger M.ª Juana Acosta O

Casa 1ª	A. Gustavo tapia O	hijos	30
su esp.ª	Josefa Salasar	Jp. Asencio	28
sus hij.s	Manl Ynacio	Pedro Juan	07
	Juan de la Cruz		05
	Juana Bautista		03
	Nicolas		03
Casa 2ª	Maria Martin.ª		32
sus hij.s	Juan		08
	Maria		06
Casa 3ª	Santiago tapia O		40
su esp.ª	Maria Ant.ª Barrientos		32
sus hij.s	Maria del trancito		15
	Maria Cruz		10
Criador	Lasaro tapia O		24
	su muger		20
Casa 4ª	Maria Martin.ª		36
sus hij.s	Anastacio		10
	Maria Ysabel		11
	Maria Ant.ª		09

Criador	Laureano	07
Casa 5ª	Ygnacio Peres	38
sus hijs	Manuel	17
	Bartolome	14
	Ygnacio	10
Casa 6ª	Calisto Veron	20
su esp.ª	Petrona Martines	30
sus hijs	Matias	11
	Juan tomas	10
	Matias	08
	Asuncion	05
	Fran.ca Nicolasa	01
hijos de	Mersedes Martines	20
esta	Anastacio	22
	Laureano	05
Criador	Maria An.ª	09
	Maria Ysabel	01
Casa 7ª	Anastacio hortega	28
su esp.ª	Maria Petrona Martin	30
	Gregoria An.ª	19
	Maria Josefa	08
	Mersedes Martin	05

Albigasta Cura

Casa 1ª	Maria Pas	50
sus hijs	Ynacio	30
	Man.l	20
	Catalina	18
	Petrona	06
Casa 2ª	Josefa Tolosa V.	60
sus hijos	Jose	29
	Ynacia	27
	Maria de la Candelaria	22

Cura

Casa 3ª	Casimiro Ponse	60
Su esp.ª	Josefa ... Fernando Velis	60
Sus hijos	Carmen ... Josefa Farer	30
	Manuel	19
Casa 4ª	Carmen Mijares ... P.º	30
Sus hijos	Juan de la Cruz	13
	Bartolome	09
	Maria de la Consepcion	02
Casa 5ª	Carmen Ramires	40
	Ramon Ant.º	19
	tomasina	11
	Pedro	10
Casa 6ª	Mariano Thorres	50
Su esp.ª	Maria Merseder	50
Sus hijos	Felipa O	27
	Marrina	25
	Segunda Paz P.º	18
	Lorenso	17
Casa 7ª	Mariano Suares	30
Su esp.ª	Maria de la Cruz	28
Sus hijos	Reymundo	17
	Jacinto	13

Y Caño Vic Parroquia

Casa 1ª	Maria Ant.ª Velis	50
Sus hijos	Rosa Belarde	20
	Pedro Pablo O	18
	Simon	16
	Mateo	14
	Serafina	12
	Maria Merseder	10

Casa 2ª	Juan Jose Belis	34
Su Esp.ª	Maria Nicolasa Almaras	25
Sus hijos	Maria Estanislada	08
	Maria Bacilia	06
	Maria Juana	09
Criados	Juan Aniselmo	02
	Anª Aguilera	07
Casa 3ª	Juan Bautista Lasarte O	20
Su Esp.ª	Maria Petrona Belarde O	18
hijo	Jose Domingo	02
Criado	Juan Bautista	07
Casa 4ª	Luis Sosa O	59
Su Esp.ª	Maria Ysabel Correa	20
Sus hijos	Eusebio	07
	Pedro Selestino	03
	Maria Ysabel	07
	Jose Anº	Sm 00
Casa 5ª	Anº Nuñes V	60
	Ecolastico Tapia V.O	33
Su Esp.ª	Maria Rosa Nuñes	26
Sus hijos	Teodora	07
	Juan Santos	03
Criado	Pasqual	01
Casa 6ª	Felipe Santiago Belis O	30
Su Esp.ª	Maria del Transito Ferreyra O	26
Su hija	Balentina	08
Casa 7ª	Jose Mariano Nieba V.O	58
Sus hijos	Jose Diego	26
	Gervacia	20
	Juan	18
	Leonarda O	15

Casa 8ª	Maria Santos Vera V. O.	26
Sus hijs.	Jose Pasqual	06
	Maria Gabriela	04
	Maria del Señor	07
Agregª	Ana Maria Surita O.	20
huerfº	Ramon Rosa	01
Casa 9ª	Jose Pedro Almaras V.T.	60
Sus hijs.	Maria del Pilar	18
huerfanº	Manl Anto.	01
	Juan Bautista	01
Casa 10ª	Juan Gregorio Pino O.	23
Su Espª	Maria Bernardina Correa O.	22
Su hijo	Manl Antonio	01
Casa 11	Maria Rosa Mendoza O.	40
Sus hijs.	Pedro Pablo Belarde O.	16
	Jose Maria	14
	Migl Geronimo O.	16
	Maria Ant. O.	14
	Petrona	02
Casa 12	Franco Soria O.	40
Su Espª	Juanca Selarayn O.	42
Su hijo	Juan Gregorio	01
Agregª	Madalena Abad	70
Criados		
Casa 13	Juagn Farias O.	40
Su Espª	Maria Eugenia Biscarra	56
Su hijo	Pedro Pablo O.	25
Casa 14	Juan Migl Belarde O.	57
Su Espª	Maria Castillo O.	56
Sus hijs.	Apolinar	20

	Felipa O	22
	Maria de los Santos	09
Casa 45	Jose Mariano Belarde O	22 cc
Su Esp.a	An.a Castillo O	21 cc
Sus hij.s	Jose Apolinar	06
Criados	Juana Rosa	09
	Juan An.o	02
Casa 46	Jose Mig.l Belarde O	20 cc
Su Esp.a	Tomacinda Salinas O	29 cc
Sus hij.s	Candida	03
Criados	Juana Ynes 3 m.s	00
	Juan Tomas Correa O	39
Casa 47	Jose Laurtino Lopes O	40 cc
Su Esp.a	Maria Victoria Correa O	26 cc
Su hij.o	Fran.co Solano	07
Criados	Maria Nicolasa	09
	Andrea	01
	Jose An.o Correa O	38
	Petrona Correa O	29
Casa 48	Agustin Vizcarra	23
Su Esp.a	Maria Puchera	20
Sus hij.s	Juan	03
Criados	Marselo	01
	Agustin Lopes	20
Su Esp.a	Mercedes	19
Su hijo	Fran.co An.o	00
Casa 49	Damacio Belarde O	23
Su Esp.a	Alejandra Alcorta O	18 cc
Sus hij.s	Pasqual	02
	Petrona 6 m.s	00

Casa 20	Jose Anto Rodrig O	25
Su Espa	Madalena Pedraza O	30
	Susana Castillo +	20
Casa 21	Juan Domingo Acosta	33
Su Espa	Andrea Escobedo	30
Casa 22	Maria Pedraza ✗	60
Su hijo	Bonifacio	09
	Maria Claudia Pedraza	20
Casa 23	Ramon Nieba O	32
Su Espa	Francisca Velarde O	30
Sus hijs	Jose Domingo	08
	Maria Mercedes O su marido Jose Anto Nuñez O	09
Casa 24	Cruz Nuñez O	50
Su Espa	Bartolina Nieba O	46
hijo O	Casimiro O	11
huerfo	Traylino agrego Benito Velarde P 60a O	10
	Fermin Anto	08
	Teodora	03
Casa 25	Juan Gilberto Castillo O	30
Su Espa	Maria Crespin O	22
	Pedro Nolasco Reynoso ✗	36
Casa 26	Jose Apolinar Dias	20
Su Espa	Maria Ysabel Rodrig	36
Sus hijs	Maria Josefa	20
	Maria Basilia	09
	Maria Eusebia	09
	Maria Mercedes ✗	20
Sus hijs	Pedro Pasqual	31
	Fermin Anto	26

Casa 27	Maria d.l Francio Correa o	24
	Maria Ylaria Correa o	22
huerf.º	Ypolito	08
	Maria Manuela	06
	Jose de la Rosa	02
Casa 28	Juan Ygnacio Pedrasa †	38
Su Esp.ª	Luisa Aguilar †	32
Sus hij.s	Jose Ant.º	12
	Jose Fran.co	07
Criados	Maria Gregoria	05
	Jose de la Rosa	03
	Fran.ca Acosta	56
Casa 29	Maria Baleriana Pedrasa †	60
Su hijo	Pedro Ant.º Pedrasa	30
Casa 30	Jose Julian Belis o	36
Su Esp.ª	Maria Leonarda Almarás o	32
Sus hij.s	Juan Marco Peb. o	20
	Maria Crefania o	11
Criados	Juan Andres	09
	Maria Placida	06
	Juan Bautista 3 m	00
	Maria Josefa Crespin o	10
Su hij.ª	Maria Josefa	16
Casa 31	Jose Castillo o	30
Su Esp.ª	Lorenta Nuñes Jesus Mª Crespin o	28
Sus hij.s	Jose Luys	12
	Juan Tiriaco	08
	Maria Madalena	06
	Maria Euraquia	02
	Maria Lorensa a m	00

Casa 32	Pedro Selestrino Belis	36
Su Esp.ª	Lorensa Nuñez	28
Sus hij.ᵗ	Marsela	12
	Micaela	10
Casa 33	Maria Lopez v.ᵈ	60
Su hijo	Carlos	16
Casa 34	Juan Leon Castillo	37
Su Esp.ª	Fran.ᶜᵃ Falcon	32
Sus hij.ᵗ	Ramona	09
	Juan Crisostomo	07
	Jose Mauricio	06
	Juana Pabla	04
	Ypolito	2 m.ˢ 00
Casa 35	Maria Mersedes Nieba v.ᵈ	
Sus hij.ᵗ	Maria Juana Suxira	18
	Juan Gregorio	16
	Jose Lucas	14
	Fran.ᶜᵒ Gabier	12
Casa 36	Juan Fran.ᶜᵒ Belarde v.ᵈ	60
Sus hij.ᵗ	Maria Mersedes	16
huerf.ᵒ	Carlos	14
Criador	Luciano	17
Casa 37	Jose felis Suarez v.ᵈ	34
Sus hij.ᵗ	Jose Luciano	14
	Juana	12
	Jose	10
	Teresa	08
	Cicilia	04
	Agustina	03

Pedro M.ˡ belarde oc maria Andris

Casa 38	Jose Soria	25
su esp.ª	Margarita Berrondo	2 a
su hij.ᵗ	Dorotea	10
	Juan Estevan	08
	Juan Pablo	06
	Juan Jose	09
huerf.ª	Maria Micaela	10
Casa 39	Pedro Juan Soria	02
su esp.ª	Maria Bartolina Paes	3 a
sus hij.ᵗ	Juan Pᵈᶜᵒ	06
	Estevan	4 a
	Maria Bernardina	2 mᵉˢ
	Maria Franc.ª	02
	Vitorino	01
agreg.ᵒ	Mauricio Ferreira	20
	Atanacia Ferreira	16
Casa 40	Maria Josefa Vᵃ	70
su hija	Bernardina	26
huerf.ᵗ	Jose Nicolas	09
	Juan Estevan	07
Casa 41	Pablo Soria	50
su esp.ª	Maria Manuela Pinto	36
sus hij.ᵗ	Ysidro	13
Casa 42	Pedro Castillo	36 cc
su esp.ª	Mercedes Ferreyra	38 cc
su hijo	Manuel	2 a
huerf.ᵒ	Diego	16
	Marias Castillo +	76

	Mercedes Perez	20
Casa 23	Pedro Luis Bazan	30
su esp.ª	Juana Castillo	29
sus hij.s	Carmelo	10
Casa 24	Josefa Castillo	40
su hija	Juliana Pedraza	20
Casa 25	Justo Belarde	30
su esp.ª	Ant.ª Barrara	26
	Juan Fran.co Castillo	32
	Juliana Reynoso	26
	Mercedes Reynoso	20
Casa 26	Pedro Pablo Ferreira ausente	36
	Dolores Ferreira	40
	Antonio Ferreyra	26
	Maria Espinosa	20
	Atanacia	15
	Cruz Ferreira †	10
Casa 27	Jose Man.l Belarde	30
su esp.ª	Esmerejilda Chaves	26
su hija	Claudia	10
agreg.s	Jose Ignacio Espindola	20
sus hij.s	Maria Agustina Lopes	17
	Juan Ant.º	10
	Mercedes	20
	Calistro 6 m̃s	00

Sicha

Casa 1.ª	Maria Rosa Soria	36
sus hij.s	Maria Barbara Ponse	29
	Maria Estefania	07
	Alejo	08
	Lino	06

Casa 2ª	Nicolas Mascareña O	30
su Esp.ª	Maria Dolores Roldan O	22
hijª	Marias Mascareña xaviª O	22
	Bacilio .... 6 m.	00

Casa 3ª	Jose Manuel Fernandes O	40 cc
Esp.ª	Maria Juana Correa O	32 cc
su hijo	Jose Tomas O	19 cc
agregº	Nicolas Tejeda	36
nador	Juan Visente Lopez d	50
	Gregoria Perez O	60
su hijo	Pedro Pasqual	20

Casa 4ª	Juan Gregorio Dias	36
su Esp.ª	Maria Agueda Nuñez	35
sus hijs	Maria dela Consepcion	22
	Maria Rosa	20
	Jose Joaqn	15
	Jose Maria	09
	Jose Ermenejildo .... 5 m.	00

Casa 5ª	Jose Ygnacio Albarracin	45
su Esp.ª	Maria Franca Pinto	30
su hija	Maria Luisa	03
Criador	Fernando	02
	Leocadia .... 6 m.	00
agregdº	Jose Franco Acosta	50

Casa 6ª	Manuel Belarde	28
su Esp.ª	Maria Ermenejilda Chaves	22
su hijo	Juan dela Cruz .... 1½ m.	00

Casa 1ª	Juan Anto Pedrara	Casa	30
su espª	Maria Juana Soria		33
agreg	Leandro Berrondo		22
	Maria Franca Berrondo	Casa	16
Casa 2ª	Pedro Pablo Soria	hijo Pedro Jaraf...	26
su esp.ª	Maria Manuela Pintos		36
hijº	Juan Vidoro	Casa	19
	Jose Franco	Lorenzo Tejeda	11
	Jose Juan		10
	Jose Manuel		09
	Juana Ysabel		03
agreg	Pedro Barrios		30
su esp.ª	Maria Plasida	hija Josefa Tejeda	38

Punuallaco

Casa 1ª	Juan Atencio Pedrara	su mug.ª Bernarda Paez	56
su esp.ª	Maria Juana Soria		00
hija	Franca Berrondo		38
Criados		Casa	
Casa 2ª	Pedro Juan Soria	Jose Soria	40
su esp.ª	Bartolina Paez		30
hijº	Jose Francisco	su mug. M. Mᵗᵒ Berrondo	19
	Estevan	sobrina Michaela Berr.	13
	Bironimo		08
Criada	Margarita		21
	Maria del Carmen		01

Rio chico

Casa 1ª	Franco Acosta		40
su esp.ª	Guenoaxia Nieba		30
hijº	Marselino		05
	Maria del Carmen	6 m.	00
	Juan Jose Aymada		36
hija	Bernardina Soles		

Casa 2ª	Maria Josefa Peralta v.	40
Su hijo	Juan	16
	Gueraldo	19
Casa 3ª	Juan Ignacio Pedraza + Jose Pedraza o	43
Su esp.ª	Maria Luisa Aguilar +	38
		20
Sus hijs.	Gregorio	9

Motegasta

Casa 1ª	Pedro Jose Suares v.	45
Sus hijs.	Juan Ramon	11
	Jose Gregorio	08
	Maria Alberta 3m	00
Casa 2ª	Santiago Perdisero	44
Esclav.	Ysabel Bartolina Belarde 10	28
	Maria	18
	Pedro	09
	Juan Pablo	01
	Rosa	06
Casa 3ª	Pedro Nicolas Espinosa	23
Su esp.ª	Maria del Trancito Perdisero	20
Casa 4ª	Ambrosio Juares	20
	Manuela Falcon	22
	Maria Rosa Juares	15
	Lorenzo Juares	18
	Maria Luisa Rodrig.	10
	Maria d la Natividad	07
	Juan Fran.co Rodrigues	03
Casa 5ª	Juan de Dios Sosa Olivero	29
Su esp.ª	Filomena Juares	23
Su hijo	Fran.co	03

Casa 6ª	Jose Domingo Juares	26
su Esp.ª	Maria del trancito Romano	20
sus hij.s	Maria del Señor	04
	Juana Pabla	02
Criados	Mersedes	01
	Catalina	00
Casa 7ª	Gerardo Caseres	26
su Esp.ª	Maria Fran.ca Juares	20
sus hij.s	Jose Mariano	09
	Maria Mersedes	07
	Barbara	00
Casa 8ª	Maria del Rosario Romano	50
sus hij.s	Candelaria Ayala	20
su marido	D.n Juan de la Cruz ¿?	10
	Lorensa	
Casa 9ª	Jose Mauricio Juares	36
su Esp.ª	Juana Rosa Castillo	30
hij.ª	Maria delos Angeles	08
Casa 10	Feliciano Arregue	32
su Esp.ª	Maria Clena Yanes	28
huerf.ª	Gregorio	10
	Maria Fran.ca	08
Casa 11	Jasinta Mamon v.ª	40
hija	Margarita Monje	26
su marido	Ambrosio Juares de 30 a.s	30
	Beroniano Dias	
su Esp.ª	Maria del trancito	31
sus hij.s	Pedro Juan	08
	Felipe	05
	Juan Silbestre	03
hija de Amb.o Juares	Maria Petrona de 1 a.o	

Carrizal

Casa 1ª	Cruz Monje	36
su esp.ª	María de la Cruz Maria	34
	María Manuela Pacheco	3a
su hijo	Santos	18
	Manuela Perez	30
su hij.ᵗ	María de Jesus	08
	Manuel	05
Casa 2ª	Domingo Barela	36
su esp.ª	María Candelaria Correa	3a
agreg.ª	María Ybalda Correa	30
su hijo	Jose Santos	0a

Quebrachos

Casa 1ª	Jose Domingo Suares	3a
su esp.ª	María Laurencia Rodrig.ᵗ	30
ag.ª	María Ybalda Correa	36
su hijo	Jose Pasqual	17
	Juan Jueronimo	03
Casa 2ª	An.ª Pedraza	29
	Juan de Dios Castillo	22
	Sipriana Castillo	20
Casa 3ª	María Justa Óliba y Fermin Barela	70
su nieta	Teresa Bustamante	23
sus Ds.ᵗᵃ	Patricio	0a
	Juan de la Rosa ᵉ 2m	00
Casa 4ª	Mig.ᵗ Perdijero	4a
su esp.ª	María Ynes Duran	aa
	Teresa Perdijero 40	23
Casa 5ª	Juan Cornejo	28
su esp.ª	María Gregoria Perdijero	26
	Felipe Cornejo	cc

Su hijo	Jose Lorenso	07
Casa 6ª	Jose Bernabe Pendulero O	27
Su esp.ª	Ynosencia Paz O	20
hij.º de esta	Casimiro	16
	Jose Fran.co O	18
	Bisente	10
Criados	Fran.co Reguis	06
	Juan Pablo	
	Jose Lorenso Nieto	25
Su esp.ª	Madalena Amaya	16
Casa 7ª	Juan Agustin Salas	30
Su esp.ª	Maria del Rosario Marq	28
Casa 8ª	Mig.l Severino Robledo	30
Su esp.ª	Maria del Carmen	32
Sus hij.s	Pasqual Baylon	12
	Juana Petrona	10
	Jose Melecio	02
Casa 9ª	Jose Domingo Salinas	40
Su esp.ª	Maria Casilda Dias	30
Sus hij.s	Jose Teodoro	08
	Maria Costantina	02
Criados	Maria Gregoria	07
	Estafania	2m 00
Casa 1ª	Ylario Amaya	32
Su esp.ª	Maria del Rosario Lopez	28
hija	Maria Dominga	18
hijs del mat.º	Juan Gregorio Amaya	20
	Maria Jacinta	18
	Maria Cluteria	11
	Maria Florentina Bastos	20

Casa 5ª	Cayetano Ócampo	43
Su esp.ª	Maria Bartolina Pedraza	18

Manantial

Casa 1ª	Martin Leon Barrio Nuebo º Casa 2ª Jose M.ª Acosta º	25
Su esp.ª	Maria delos Angeles Criado º su esp.ª Manuela Ponce º	49
agreg.ª	Pasqual Moya	30
Su esp.ª	Celidonia Barrio Nuebo º	30
Sus hij.s	Nicolasa	12
	Manuel Mariano	10
Criados	Juan Silbestre	08
	Clarista	09
	Maria delos Santos ... 1 mes	00

Yerva Buena

Casa 1ª	Jose Luis Sosa º	40
Su esp.ª	Maria Juana Herrera	36
Sus hijos	Luis	32
	Ysidora	10
	Pedro Ynacio	06
	Maria Tomacinda	05
Casa 2ª	Jose Herrera	50
Su esp.ª	Emerejilda	40
Su hijo	Manuel	16
huerfana	Monica	09
agreg.ª	Maria Lopez	32
Casa 3ª	Domingo Gonsales	25
Su esp.ª	Gregoria Sosa	22
Su hija	triunfa	01
agreg.ª	Juana Mariano	15
Casa 4ª	Manuel Domingo Sosa	45
Su esp.ª	Gregoria Gonsalez º	25

Sus hij.ᵃ	Juana Pabla	03
Criador	Apolinario	05
	María del Rosario	01
huerf.º	Roque	10
Casa 5.ᵃ	Jose Maria Acosta	30
Su Esp.ᵃ	Manuela Perea	30
Su hijo	Juan de la Rosa — 3 m	00
Casa 5.ᵃ	Eugenio Molina	25
Su Esp.ᵃ	Maria Noberta Lopes	21
Sus hij.ᵃ	Maria Ana	04
	Santiago	02
	Tomas — 2 m	00
	Maria Rosa Lop.	56
Su hijo	Jose Fran.ᶜᵒ	13

Francas

Casa 1.ᵃ	Jose Baleriano Barela	57
Su Esp.ᵃ	Maria Ysabel	56
Sus hij.ᵃ	Maria Elena	22
	Juan Fran.ᶜᵒ	20
Criador	Fermin	18
	Fran.ᶜᵒ	16
	Juan Bautista	14
	Pedro	12
Agregada	Maria Casimira Palomeque	25
Sus hij.ᵃ	Man.ˡ Velez	06
	agregado Pedro Ju. Basti R 25 v a O	
	Maria Cbarista	04

Capilla de S.ⁿ Fran.ᶜᵒ Viceparroquia

Casa 1.ᵃ	Claudio Gonsales	70
Su Esp.ᵃ	Maria Herrera	60
	Domingo Gonsales	25
	Juana Maria Yvañes	22

		a6.
Sus hij.s	Tomas Gonz.o	8,c,c
	Bonifacio	14
Sobrin.	Juana Rosa Criado o	18
	Apolinaria Criado. o	12
	Pedro Criado	10
Casa 2.a	Jose Fernando Cornejo	40
Su esp.a	Florentina Lopes	31
Sus hij.s	Maria Pasquala	18
Criados	Maria Manuela o	11
	M. manuela Ysbo. Sora o	
	Bonifacia	01
Casa 3.a	Ysidro Perdiguero Duran	56,c,c
Su esp.a	Maria Dolores Pareja o	30
Sus hijos	Remiguio	15
	Maria dela Encarnacion	12
	Alberto	06
Casa 4.a	Jose Gabriel Ybañes	a2
Su Esp.a	Maria	28
Sus hij.s	Ani.o	08
Criados	Maria Pabla	06
	Maria Josefa	04
Exxi.tes	Carlos	02
	Maria del Carmen Lopes	34
Su hija	Bernardina	03
	Pedro Maldonado	17
	Juana Ponce	10
Casa 5.a	Cipriano Duran o	45
Su Esp.a	Margarita Sosa o	50
Sus hij.s	Maria Presentada o	20
	Maria Jeronima o	18
	Juan Eugenio	10
Esclav.s	Bruno	12
	Domingo	09
	Jose su ... o	

	Bernardino	Casa	05
Agregᵃ	Micaela Toledo	M. Toledo	a6
Sus hij!	Juana		19
	Vesente		19
Criador	Juana Aguirre	Gervacia	11
	Manuel		09
	Juana Rosa		02
Casa 6ᵃ	El Capitán Dⁿ Felipe Santⁱᵒ Espinosa		a6
Su Espᵃ	Monica Salcedo		36
Sus hij!	Maria del Rosario		17
	Juana		15
	Bartolome		13
	Petrona		11
	Felipe		09
	Visenta		07
	Rosa		09
Eos Clavos	Antonio		16
	Juan		16
	Micaela		18
	Rita		19
	Catalina		01
Agreg	Victoria Pallares V		a8
Sus hij!	Juana Perdifero		16
	Micaela		19
	Pastora		12
	Pedro		09

Angelina

Casa 1ᵃ	Felix Juarez V	a8
Sus hij!	Luciano	17
	Juana	15
	Jose	

	Teresa	06
	Cecilia	09
	Domingo	02
Casa 2ª	Micaela Barroso V.	26
sus hij!	Pedro Regalado Suares	20
	Bruno	10
	Vicente	08
	Victoria	08
	Tomasinda Suares	08

Río de los Burgos

Casa 1ª	Maria Albarracin	30
sus hij!	Pedro Regalado Suares	20
	Bruno	10
	Vicente	08
	Victoria	07
	Tomasina	18
Casa 2ª	Madalena Correa	39
agreg	Noberta Lopes	18
	Fran.co	10
	Juan Ang.l	23
	Maria Madalena	20
	Maria Dolores	18
	Juan Fran.co Correa	26
Su esp.ª	Maria del Rosario Albarracin	29
sus hij!	Damiana	10
	Juan de la Rosa	07
	Maria	30
	Lorensa Correa V.	30
Sus hij!	Candelaria	09
Casa 3ª	Maria An.ª Albaracin V.	70
sus hij!	Teodora Suares	29 cc
	Catalina	16 cc

	Jose Maria	09
	Maria Leonarda	04
	Lorensa Correa Y	30
Sus hij.	Candelaria	04

Casad.ª	Maria An.ª Albarracin Y	40
Sus hij.	Teodora	29
	Jose Maria	09
	Maria Leonarda	07
	Maria Micaela Yrurre	28
Su hija	Maria Juana	04
	Fermin Romano	26
Su esp.ª	Gregoria Albarracin	40
Su hijo	Ramon	17

Cuchillas

Casa 1.ª	Ambrosio Suares ◦	55
	Su Esp.ª Maria Agueda Faure ◦	44
Sus hij.	Juan Ramon	26
	Pedro Jose ◦	22
	Baltazar	20
Nietos	Maria Agueda Robledo ◦	15
	su marido J.n Jose Maria ◦	13
	Maria Juana Robledo ◦	
	Maria An.ª Robledo	
	Madalena Suarez ◦	12

Casa 2.ª	Juan de la Cruz Albarez	32
Su Esp.ª	Maria Florencia Baldes ◦	27
Sus hij.	Juan Guillermo	08
	Juan Telmo	04
	Cayetano	02

Casa 3ª	Julian Suares	Casa Jose Anto Albarracin	27
Su Espª	Maria del Rosario		20
Sus hij.s	Crisanta		52
	Gabriela		03
Casa 9ª	Jose Romero		3a
Su Espª	Maria Juanca Romano		28
agregdo	Jose Felis Mamonde		12

Yabagu

Casa 1ª	Mariano Rodrigz	60
Su Espª	Balentina Basan	60
Sus hijos	Maria Pasquala	16
	Juan Agustin	17 cc
	Juan de la Rosa	08
agregs	Nicolas Correa	16
	Maria Rosa Mamondes	12
nueras	Maria de las Nieves	08
	Jose Patricio	03
Criados	Jose Reimundo	07
	Maria Teodora	03
	Juanco Anto	02
Casa 2ª	Manuel Sosa	30 cc
Su Espª	Maria Claudia Rodrigz	20
Sus hij.s	Maria Prudencia	03
Criados	Maria Mersedes	16
Casa 3ª	Maria Ysidora Rodrigz	28
Su hijo	Juan Ynosencio	18 cc
	Maria Mersedes	03
Casa 4ª	Nicolas Crespin	22
Su Espª	Tomacinda Rodrigz	20
Su hijo	Tomas	02
	Cayetano	00

Casa 5ª	Fran.co Herrera	2a
Su Esp.a	Maria Tiburcia Juarez	3a
Sus hijs.	Bartolina	08
	Mateo	04
	Faustino	02
	Gueronimo	2 m 00
Casa 6ª	Jose Bonifacio Basan O	32
Su Esp.a	Maria de la Cruz Herrera O	28
Sus hijos	Maria Luisa	08
	Maria Juana	05
	Maria Bernardina	03
	Juan Martin	05
	Felipe	9 m 00
Casa 7ª	Marias Basan	28
Su Esp.a	Maria Mersedes Rodrig.z	25
Sus hijs.	Fran.co Emilio	10
	Maria Victoria	08
	Maria de los Reyes	06
	Maria Madalena	04
Casa 8ª	Juaquin Lopez	40
Su Esp.a	Maria Basan	36
Sus hijs.	Juana Petrona	22
	Maria Catalina	14
Criados	Pedro Nolasco	12
	Maria de la Cruz	09
	Jose Leon	03
	Juan Segundo	5 m 00
Casa 9ª	Pio Quinto Barela	30
Su Esp.a	Josefa Basan	26
Su hijo	Juan de Dios	02
	Rosalia Gutierres	60

Suegro	Jose Antº	55
Casaº 1ª	Jose Antº Juanes	27
Su espª	Maria Liberata Therrera	22
Sus hijs	Maria Estefania	09
Sus hijs	Maria Estefania	03
Criados	Rosalia Gutierres	20
	Petrona Abila	17
	Jose del Carmen	12
	Agustina Rosa	03
	Maria Lorenza ... 3 mes	00

Capilla de los Ramblones Vice Parroquia

Casa 1ª	Dn Juanco Rojas V.	58
	Bernarda Oviedo	38
hijº lexitimo	Jose Lorenzo Barela	11
	Juan e	09
	Juan dela Rosa	07
	Franco Yldefonso	04
Casa 2ª	Juan Visente Pedrasa	36
Su espª	Maria Juana Pereira	36
Sus hijs	Maria dela Consepcion	19
	Pedro Nolasco	08
	Franco	06
	Eduardo	04
	Maria del Rosario	02
	Franca Barela V.	80
	Maria Merzedes Barela	08
Casa 3ª	Vitoria Diaz	40
Sus hijs	Geronima Pedrasa ⊙	20
	Juan de Dios es marido hijo de Dn Maldonado ⊙	08
	Nicolas	06
	Jose Manuel	04
	Maria Dolores	02

	Jose Facundo	04
agreg.ª	Maria delos Angeles torino	40
sus hij.ˢ	Manuel delos Reyes	03
	Jose Santiago	07
	Sinforoso	05
	Fermin	03
agreg.º	Juan Fran.ᶜᵒ Abila	20
Casa 5.ª	Juan Fran.ᶜᵒ Abila	49
su Esp.ª	Luysa Ynes	50
huerfan.ᵃ	Maria del Rosario	18
	Jose Lino	09
	Juan de Dios	05
agreg.ª	Maria Mersedes Barela	30
	Petrona Cardoso	26
hij.ᵃ	Maria del tranciso	23
Criador	Juan Guillermo	7.m 00
	Juana Paula	7.m 00
huerf.ᵃ	Justo Lorenzo	2.m 00
	Maria Victora	
Casa 5.ª	Mig.ˡ Geronimo Peres	55
sus hij.ˢ	Juan Luis	18
Criador	Juan Diego	19
	Maria Mersedes	10
Casa 6.ª	Andre Velis	47.c,c
su Esp.ª	Fermina Basan	37
sus hijos	Juana Rosa	19
	Tomacinda	13
	Fran.ᶜᵒ Ant.º	11
Criador	Jose Lucindo	09
	Maria del Señor	07
	Maria Bueno hania	04
Casa 7.ª	Jose Pasq.ˡ Barela	34
su Es.ª	Maria Petrona legar	

Sus hij.^s	Lino	10
	Maria	08
	Jose Simon	07
agreg.^o	Luis Velis	28
Casa 8.^a	Rog.^e Herrera	27
su esp.^a	Maria Maldonado	25
hij.^o	Pedro Juan Ramires	03
Criados	Agustina Rosa	04
	Jose Maria	00
Casa 9.^a	Maria Luysa Herrera y	57
sus hij.^s	Maria Ant.^a Guebara	20
	Juan Bautista	18
	Fran.^{co}	16
	Jose Damian	15
	Maria Jasinta	12
	Maria Dominga	07
	Pablo	04
Casa 1.^a	Maria Candelaria Miranda	55
huerf.^a	Maria Castillo	18
	Toribio Acosta	12
Casa 11	Juan Ant.^o Robledo	30
su esp.^a	Juana del Pino	26
su hijo	Juan Ynosencio	03
Casa 12	Jose Moya	34
su esp.^a	Damiana del Pino	27
sus hij.^s	Maria Dominga	08
Criado	Juan Bautista	02
Casa 13	Bonifacia Aparicio y	30
huerf.^s	Cornelio	14
	Jose Man.^l	12
	Jose Melecio	05

Casa 1ª	Juan Bautista Aparicio	40
Su esp.ª	Maria Ant.ª Tapia O	28
Su hijo	Damacio *Pedro M. Pedro Pablo Aparicio de 23 a.s O*	08

Casa 15	Lorenzia Barrio Nuebo	40
Su esp.ª	Maria de la Cruz Pino	32
Sus hijs.	Marzena	19
	Pedro Jose	12
	Maria del Rosario	10
Agreg.ª	Maria Fran.ca Monge V	30
Sus hijs.	Ant.º Castillo	09
	Juan Agustin	40

Sauce

Casa 1ª	Esmerejildo Segas O	28
Su esp.ª	Maria Josefa Rodriguez O	27
Sus hijs.	Ysabel O	29
	Juan Ant.º	29
	Luisa O	22
	Maria del transito	20
	Estefania O	18
	Selestino	16
	Balentin	19
	Cayetano	12
	Esmerejildo	10
Criador	Catalina	08
	Juana Maria	06
	Bartolome	03
Casa 2ª	Visente Cañete	30
Su esp.ª	Maria Ant.ª Sejas	30
Sus hijs.	Catalina	06
	Jose Rufino	02
Agreg.ª	Maria Juan.ca Ramirez	40

Sus hijos	Maria Cecilia		08
	Maria delos Angeles		03
Su s^er	Bentura Ramirez		02
Casa 3ª	Mariano Tejas O		50 cc
Su Esp.ª	Isadora Lopez O		32 cc
Sus hijos	Juan Ynocencio O		20 cc
Criados	Maria Aurelia O		16 cc
	Maria Juan^ca O		19 cc
Sus s^er	Juan Vidore		11
	Maria Celedonia		07

Casa 2ª	Matias Oyola		30
Su Esp.ª	Maria Barbara		26
Sus hijos	Maria Germana		07
	Menxivar		05
Criados	Maria del Señor		03
	Maria Tomasa		01
	Juana Ynes	Bm	00

Potrero

Casa 3ª	Gordiano Castrillo	30 a	Jose Julian Lison	50 cc
Su Esp.ª	Anastacia Luvian		M. Rosales	28 cc
Sus hijos	Maria Agustina		Luiza Acosta	15 cc
	Maria Josefa			13
	Ybalda			02

Casa 2ª	Pantaleon O Campo		43
Su Esp.ª	Maria Barnalia Castrillo		36
Sus hijos	Rufino		08
Criados	Leonarda		02
	Manuela	Bm	00

Casa 3ª	Maria Gonzales V		70
Sus hijos	Pedro Juan Castrillo		3 00
	Balentina		29
	Juan de Dios		13
Cuentan	Maria Juana		26

	María Dolores	09
	Fran.ca	03

Hucura

Casa 1.a	Jose Luvan	50
Sus hij.s	Maria Cayetana	18
	Domingo	
	Maria Mersedes	12
	Candelaria	12
	Feliciana	10
	Petrona	08
huerfan.	Maria Mersedes	09
agreg.a	Maria Antonia	02
	Maria del Rosario	22
Sus hij.s	Maria Andrea	09
	Jose Ambrosio	03
Criada	Maria Dolores — 3.m	00
	Maria Petrona Abila	40
Sus hij.s	Jose del Carmen	16
	Maria Santos	09

Purcanal

Casa 1.a	Jose Ynacio Vega	02
Su Esp.a	Maria Elena Basan	00
Su hija	Bernardina	13
huerf.a	Ana Maria	18
Criador	Maria Eustaquia	16
	Jose Alexandro	02
Casa 2.a	Diego Vega	70
Su Esp.a	Juana Martines	65
Su hijo	Bonifacio	23
	Sinforosa	
Criador	Pasquala	
	Ramon	

Casa 3ª ... Jose Carrillo 40
Su Esp.ª ... Sebastiana 37
Sus hij.ˢ ... Aurelia 10
           Maria Luisa 07
Criados .. Antonia 10
           Felipa 09
           Silbestre 01

Casa 2ª ... Luis Vega 28
Su Esp. ... Catalina Molina 22
Sus hij.ˢ ... Cornelio 07
Criador .. Pedro 09

Cununa

Casa 1ª ... Maria Ynacia Guzman v. 56
Sus hij.ˢ ... Juan Ysidor 27
           Jose 23
           Lorenzo Julian 19
           Cayetano 14
           Agustina 12
           Patricia D. 09

Casa 2ª ... Ambrosio Moya 21
Su Esp. ... Ana Maria 23
Sus hij.ˢ ... Fermin 06
           Ramona 04
Criador .. Jose Gregorio 02

Sause

Casa 1ª ... Rosa Velarde 40
Su Esp. ... D.n Fran.co Ant.o 30
Sus hijos . Rosa 12
           Juan Pio 08
           Maria de los Santos 04

	Bartolome	06
Snv.res	Jose Belasco	12

Tres Sauses

Casa 1ª	Pedro Belasco		29
Su esp.ª	Maria Florentina Soria v.º		23
su hijo	Guillermo	6 m	00
Criados	Bernardina	a m	00
Casa 2ª	Juan Justo Soria		26
Su esp.ª	Maria Margarita Lejas		22
Sus hij.ª	Susana		06
Casa 3ª	Fran.ca Soria V.º		33 co
Sus hij.ª	Maria Euzebia o.		19 co
	Maria Ramona		12 co
	Ramon Rosa		09
	Juan Gregorio		06
	Jose Calisto		03
	Jose Fructuoso		01
Snv.res	Bentura Rodrig.		25
	Marco Leyba		29
	Jose Manuel Leyba		30
	Pasqual Abila		10
	Lorensa Segura		15
Casa 4ª	Juana Segura V.		32
Sus hij.ª	Domingo Arias		12
	Maria Gregoria		08
	Rog.e Jacinto		09
	Aniceta		02
Casa 5ª	Estevan Leyba		50
Su esp.ª	Juliana Segura		06
Sus hij.ª	Marco		19
	Manuel		19
	Petrona		09

Criador	Patricio	03
Huerf.º	Julian	03

Cañada Larga

Casa 1ª	Jose Ferreira	46
	Maria Mersedes Pino	32
Surhij.ª	Josefa	19
Criador	Maria de Jesus	10
	Jose Ant.º	03
Sirv.tes	Tomas Ant.º Pino	42
	Luciano Pino	3a
	Jose Mariano Pino	53

Algarrobos

Casa 1ª	Carmen Romero - dif.º Marcelino Galban	30
Su Esp.ª	Margarita Pedraza	27
Sirv.tes	Bernardino Galban	17
	Maria del Rosario Soberon	36
Criador	Ramon Baristo	20
	Fermin Soberon	18
	Juana Segunda	40

Malada

Casa 1ª	Francisco Soberon	26
	Fran.co d Paula Soberon	20
	Gregorio Soberon	15
Casa 2ª	Mig.l Geronimo Arias	36
Su Esp.ª	An.ª Soberon	25
Sus hij.s	Mariano	08
	Jose de la Rosa	03
	Maria de la Consecion	01
	Maria Josefa Navarro	68
Surhij.ª	Maria Juana Arias	46
	Man.l Arias	42

Casa 3ª	Franco Soria	37
Su espª	Maria Mercedes Pinto	32
Sus hijs	Carlos	14
	Maria Dolores	13
	Maria Anastacia	10
	Maria Leonarda	08
	Ramon Guil	06
	Maria Custaquia	01
Casa 4ª	Ramon Rosa Soria	20
Su espª	Maria Dominga Sejas	18
Su hija	Maria Eusebia — 4m	00
Casa 05ª	Domingo Alarcon	60
Su Espª	Clara Soberon	48
Sus hijs	Maria Juana	28
	Maria	26
	Gregorio	23
	Juan Franco	21
	Maria Anª	17
	Maria Ynes	07
	Juan Ynacio	06
	Estevan	05
	Dominga	04
	Maria Anª	03
	Maria de la Consesion — 6m	00
Sus ntes	Maria Justa Sanches	09
Su hijo	Juan Luis Sanches	11
Casa 6ª	Florentino Tulian	52
Su Espª	Juana Orrega	43
Sus hijs	Eusevia	18
	Cayetano	16
	Agustin Tulian	12
	Patricio	08

| | Jose Manuel | 06 |
| agreg.do | Fran.co Julian | 9a |

Casa 7.a	Jose Acosta	28
su Esp.a	Maria del Carmen	32
sus hij.s	Maria dela Encarnacion	01
Criador	Fran.ca	3 m	00

Divisadero

Casa 1.a	Pedro Juan Ramirez	39
su Esp.a	Maria Mercedes Barela	30
sus hij.s	Juan Lorenzo	12
Criador	Juan Gregorio	10
	Maria Ana	06
	Jose Toribio	02
	Maria del Rosario Baran	29
su hijo	Fran.co Ant.o Barela	2a

Rio delos Baranes

Casa 1.a	Mario Barrio Nuebo	26
su Esp.a	Maria Sinforosa Carrizo	23
sus hij.s	Juan Leon	08
	Juaquin Rosa	06
	Persona Ana	02

Casa 2.a	Maria Mercedes Baran	40
su esposo	Maria Sinforosa Carrizo	15
	Ana Maria	09
	Maria del Carmen	09
huerf.o	Jose Benino	28
	Maria Casilda Carrizo	22

Casa 3.a	Mig.l Baran	60
su esp.a	Maria Ynes Belis	60
sus hij.s	Jose del Pilar	1a
	Margarita	12
	Pedro Nolasco	02
	Maria del Transito	06

	Jose Gabriel	9
	Juan Anto	30
	Jose Maria	28
	Juan Jose	25
Criados	Juan de Dios	26
	Juan Pedro	19
	Jose Julian	12
agrega..	Martina Bravo	26
Casa 4a..	Maria delas Nieves Bustos	50
Su hija..	Maria Ana. Bustamante	25
	Celidonia	15
	Jose Frotuoso	09

Casa 5a..	Jose Pasqual Bustamante	30
Su esp.a	Maria Ysabel Barrio Nuebo	29
Su hija..	Maria Ana	02
Criados	Jose Gregorio	01
	Jose Mauricio	

Casa 6a..	Pedro Carriso	50
Su esp.a	Rosa Basan	20
Su hijo..	Bartolome	20
Criados	Mateo	18
	Juan dela Cruz	16
agrega..	Juana Pedraza	25
Su hija..	Maria Rafaela	02

Casa 7a..	Juan tomas Thorteza	50
Su esp.a	Maria Ynes Basan	40
Su hijo..	Juan de Dios	23
	Ysidoro	18
	Juana	16
	Ana Rosa	11
	Jose Franco	30
	Jose Manuel	12
	Maria dela Cruz	13

	Justo Lorenzo	77
	Maria del Señor	02
Casa 8ª	Ysidoro Rojas	30
Su Esp.ª	Maria Fran.ca Ortega	28
Sus hijos	Jose Manuel	06
	Jose Patricio	09
Criados	Fran.co Jacobo	cinco añ.. 00
	Jose Pasqual	19
Su Esp.ª	Maria Quiroja	16
Casa 9ª	Francisca Chaves	56
Su Esp.ª	Maria Lorenza Yturrega	29
Sus hij.s	Juliana	12
	Nicolas	10
	Juan Pedro	05
	Juan Menas	7 m.. 00

Dorada

Casa 1ª	Josefa Agueno V.	36
Sus hijos	Maria Moreno	19
	Maria del Pilar	16
	Maria Pabla	19
	Bartolome	12
	Julian	10
Enzenad.s	Manuela Moreno	22
	Jacoba	18
	Juana Santos	10
Casa 2ª	Ysidro Ribadena	29
Su Esp.ª	Francisca Moreno	20
Su hija	Prudencia	08
Casa 3ª	Fran.co Borja Moreno	22
Su Esp.ª	Fran.ca Peralta	20

suhija	Prudencia	2a
	Ynosencio	05
	Romualdo	03
Casa 4ª	Juana Viscarra	27
sus hij.ᵗ	Teresa Reyes	02
	Marta	07
huerfan.ᵒ	Jose teodor	08
	Marselina	03
Casa 5ª	Jose Manuel Quiroga	20
Su esp.ª	Maria del Tranciro	38
sus hij.ᵗ	Fabian Ant.º	02
criador	Anastacia	00
Casa 6ª	Jose Murua	40
Su esp.ª	Maria Vega	36
Sus hij.ᵗ	Maria Agueda	15
criador	Gregoria	08
Casa 7ª	Maria Aguero V.	60
hija	Maria Candelaria	4a
huerf.ᵒ	Juana	18
Casa 8ª	Jose.ᶫ Gueronimo Quiroga	60
su esp.ª	Maria Josefa Garcia	60
Su hijo	Jose Fran.ᶜᵒ	38
huerf.ᵒ	Dolores	16
criador	Bernave	06
agreg.ª	Maria Leonarda Aguirre	16
su h.ª	Maria Petrona	09
Casa 9ª	Pasqual Juarez	80
su hija	Fran.ᶜᵃ Garcia	36
criador	Maria Feliciana	06
huerf.ᵒ	Maria dela Consecion	16
sirv.ᵗᵉ	Maria Ant.ª Toledo	16

FIN

Tucumán, primavera de 2023

ISBN 978-631-00-1795-2

www.ingramcontent.com/pod-product-compliance
Lightning Source LLC
LaVergne TN
LVHW060200080526
838202LV00052B/4173